초록 불빛
등대

초록 불빛 등대

김숙 수필집

수필과비평사

■ 작가의 말

풋보리를 구워 먹던 심정으로

어린 시절, 망종 절기가 가까워지면 풋보리를 구워 먹었습니다. 대부분은 어른들 사이에 끼여서였습니다. 바람을 막아주는 산모롱이에 둘러앉아 마른 솔가지 등으로 모닥불을 피우고 그 속에 갓 베어낸 푸른 보릿단을 그슬렸습니다. 긴 까끄라기가 타서 사라지고 거무칙칙하게 그슬린 보리 이삭을 부지깽이로 하나씩 골라내서 두 손바닥 사이에 대고 비볐습니다. 까만 재를 입바람으로 '후후' 불어내면 초록색 보리알이 한 움큼 남았습니다. 찔레꽃 향기를 양념으로 끼얹어 알갱이들을 입안에 털어 넣고 우물거리면 달큼하고 구수한 풋것의 그 무엇이 잇새에 넘쳤습니다. 손이며 오지랖, 입 주위, 얼굴에 검정 화상이 그려졌습니다. 하지만 그런 모습의 발견은 나중 일이었습니다.

첫 수필집을 내는 제 심정이 지금 딱 그렇습니다. 이제 막 익기 시작한 풋보리 같은 글들이지만 햇보리라고 위안 삼으며 선을 보입니다.

어느 여름날 지리산 계곡에 간 적이 있었습니다. 계곡은 속울음까지 토해내고 싶은 한 여인이었을까요. 두 다리를 뻗대고 펑퍼짐하게 앉아 갈맷빛 치마폭에 희디흰 울음을 토해내고 있었습니다. 장맛비가 오락가락했던 무렵이어서 그 울음은 깊고 넓고 빠르게 바라보는 이의 심중으로 쏟아졌습니다. 마치 너도 너를 펑펑 울게 해보라고 유혹하는 듯도 했습니다.

살아오면서 운다는 건 참 사치스러운 명제였습니다. 사실 울 용기도 없었습니다. 그때는 그렇게 할 수 없었지만, 언젠가 울음 터 하나를 만나면 그리해 볼 일이라고 마음에 간직했습니다. 아직도 그것은 익숙해지지 않아 소쩍새 울음처럼 딸꾹거리고 있습니다. 그 딸꾹질 같은 울음 몇 컷을 디자인하는 자세로 글을 엮었습니다.

그리고 처음 글 빚는 가마터를 찾았을 때, 지난한 삶이나마 되돌아보고자 했습니다. 내 무의식의 바다에 가라앉았던 기억 조각 하나씩을 수면 위로 띄워 조명하고 싶었습니다. 그것들은 지금도 육화되지 않아 비정형의 조각들로 나의 내면을 거칠게 피돌기하고 있습니다. 고치를 뚫고 나온 한 마리 나비처럼 날아오르기에는 기다려야 할 공력의 시간이 필요합니다. 그 기다림의 과정에 잠시 소소한 날들의 초상肖像 몇 조각을 드러내 보았습니다.

한때는 그림을 그리고 싶은 적이 있었습니다. 우연히 작은 야생화에 혼을 심고 있는 선생님을 만났습니다. 평소 빼어난 산과 우람한 바위를 화폭에 담던 중견 한국화 작가였습니다. 그이는 언제부던가 아기별꽃, 제비꽃, 민들레, 좀씀바귀 등을 그리며 행복해 했습니다. 제자들이 개양귀비꽃 스케치하는 법을 배우고 싶다고 하자 가르쳐 주기는 했지만 정작 본인은 그 꽃을 그리는 걸 홍미로워하지 않았습니다. 커다랗거나 화려한 대상만이 미의 극치를 창출하는 건 아니라는 철학 같았습니다. 그런 그 화가의 그림에서는 곡선에서도 직선의 올곧음이 느껴졌고, 직선에서마저 곡선의 유려함이 숨어 있었습니다.

거대 담론만이 훌륭한 예술을 논할 수 있는 건 아니라는 걸 그때 알았습니다. 이름 없는 풀 한 포기에도 우주의 섭리가 담겼다는 걸 깨닫는 순간이었습니다. 일상생활에서 찾은 글감도 감동을 주는 문학일 수 있음을 에둘러 깨우쳤습니다.

정년퇴임을 하고 앞으로의 삶을 계획하면서 유년幼年의 꿈을 만년晩年에 줍듯 다시 꿈을 찾았습니다. 이를 바탕으로 수필 문학의 기본인 오락성(entertainment)과 정보(information)를 염두에 두고 무딘 붓끝을 벼려 보렵니다. 흘러간 강물은 돌아오지 않지만, 인간은 돌아보는 특장점을 지녔습니다. 지나간 날들이 힘들고 어려웠을망정 시시하지 않았음이 새삼스럽습니다. 과거는 아프기만 한 게 아니라 그립고 정겨운 내 정서의 원류이면서 언제나 돌아갈 고향임을 상기합니다. 그 흘러간 날들을 다시 마주하며 나와 이웃을 사랑하고 사람들과 더불어 살아가는 미래를 새롭게 조망하고 싶습니다.

글쓰기를 시작하면서 펄 벅의 “한 촛불이라도 켜는 것이 어둡다고 불평하기보다 낫다(It is better to Light a single candle than to complain of the darkness).”라는 말에 용기를 얻었습니다. 그것은 이제 『위대한 개츠비』에서 개츠비가 끊임없이 욕망하던 초록 불빛처럼 제 문학의 초록 불빛으로 빛나고 있습니다. 그 등대 불빛을 길라잡이 삼아 어린아이와 같은 진실한 시각으로 대상을 바라보며 새롭게 정진하는 작가이기를 희망합니다.

“물처럼 구름처럼 바람처럼 흘러가는 말과 글, 막힘도 주저함도 머뭇거림도 없이 한결같이 유유히 걸어가는 자태”의 작가이기를 환기해 주시는 임헌영 스승님께 감사드립니다. 서울디지털대학교 수필동아리 수수밭과 수수밭길 동인님들 고맙습니다. 나를 인정해주고 품어주는 가족에게 감사드립니다. 책을 만들어 준 『수필과비평』사와 유인실 주간께 감사드립니다.

2022. 겨울에

김 숙

■ 차례

제2부

소소한 날들의 초상肖像

■ 차례

제3부

유년의 꽃을 만년에 줍다

제4부

무딘 붓끝을 벼리며

작품해설

제1부
울음을 디자인하다

움파양념장

떠돌이별처럼

산벚꽃 피면

쑥물 한 중발

때때 언니

언감생심

오늘이 며칠이죠

명품길 유감

임플란트 경고

새콤달콤한 품앗이

움파양념장

봄비가 내린다. 비와 함께 흙 향기가 코끝에 전해 온다. 이내 가슴 깊숙이 스민다. 시골에서 살았을 때는 그저 흔한 흙냄새였는데 살다 보니 좋은 향기로 느껴지기도 한다. 주방 창 너머로 보슬거리는 봄비를 바라보다가 비에 묻어온 흙 향기를 따라 추억의 들로 나간다. 바구니도 없고 나물 캐는 도구도 잊은 채 아득한 곳으로 따라나선다. 딱 이맘때쯤 기억 속의 추억 하나가 발길을 이끈다. 움파로 만든 양념장의 맛과 향기, 그 어린 시절의 향수를 따라서 가본다.

양념장을 만들려면 깨끗이 다듬은 움파를 송송 썬다. 몇 번 칼집을 더 넣어 너무 곱지 않게 다지듯 마련한다. 볶은참깨를 얼핏 갈아서 깨소금을 만든다. 자잘하기는 해도 육쪽마늘도 다진다. 지난 가을 고추장 담글 때 마련한 발 고운 고춧가루도 조금 준비한다. 잘 숙성된 조선간장 한 종지를 떠다 놓는다. 고소한 참기름을 챙긴다. 담을 그릇은 물기를 닦아 대기시킨다.

옴팡한 중발에 다진 마늘을 깐다. 그 위에 잘게 썰어 놓은 움파를 넉넉히 넣는다. 발이 고운 고춧가루를 조금 뿌린다. 간장을 변두리께로 쫙 돌려 붓는다. 걸쭉한 정도를 가늠한다. 참기름을 살짝 두른다. 마무리로 깨소금을 소복이 얹는다.

어릴 때 내가 보고, 먹어 본 어머니의 움파양념장 준비물과 레시피이다. 이런 정도를 가지고 웬 호들갑이냐고 할 수도 있겠으나 내게는 회귀를 꿈꾸는 물고기의 귀향 DNA처럼 각인되어 있다. 고향의 물과 바람, 맛과 향기가 촌스러운 정서와 맞물려 미각의 원류를 이룬다. 막 만든 양념장은 재료 각각의 개별적인 맛과 향이 살아 있었다. 그러면서도 짜고, 달고, 맵고, 향기롭고, 고소함이 서로 겉돌지 않는 통섭의 맛을 이뤄냈다.

혹시 신심을 다하여 수행하는 사람들이 이 이야기를 듣는다면 경을 치거나 혀를 끌끌 찰 일일지도 모르겠다. 금기시하는 오신채 중의 대표적인 식물이 파와 마늘이라는데 그것들을 듬뿍 담아 양념장을 만들어 먹었다고 하니 못마땅할 수도 있겠다. 하지만 이것은 1960년대 이른봄 한끼의 별식이었다. 지금같이 영양가가 많거나 입맛을 돋워 줄 식품이 흔하지 않던 때에 감칠맛과 원기 회복까지 선사해 주었다.

간장 그릇은 밥상 가운데 놓고 온 가족이 덜어다 먹었다. 어쩌다 마련한 귀한 맨김에 밥을 싸 먹을 때 곁들여도 맛있고, 콩나물밥이나 시래기밥에 비벼 먹어도 그만이었다. 건더기를 한 숟갈 건져 맨밥에 끼얹어도 좋았다. 반쯤 바람든 밍밍한 봄 뭇국에 살짝 뿌려도 어울리던 움파양념장! 어쩌면 이런 것이 약식동원藥食同源의 한 근간이었을지도 모르겠다.

겨우내 움츠렸던 우리는 봄기운이 서리면 들로 나갔다. 바구니를 들고 손아귀에 꼭 쥐어지게 만든 조그만 칼을 챙겨서 갔다. 그야말로 "나물 캐러 바구니 옆에 끼고서 달래 냉이 씀바귀 모두 캐오자"(「봄맞이 가자」)의 마음이었다. 하지만 나물을 맘먹은 대로 많이 캘 수는 없었다. 아직 이른 계절이기도 하고, 누구나 나물을 잘 캐는 것도 아니었다. 이 밭 저 밭, 이 논둑 저 논둑, 이 언덕 저 물가를 누볐다. 여기저기 돌다 보면 바구니 속의 나물들이 지쳐 시들어버렸다. 그러면 그것들의 양을 부풀려 보려고 한 줌 들어올렸다가 살살 내려뜨려 다시 담았다. 그래도 주저앉으면 시냇가로 갔다. 손에 물을 적셔서 나물 사이사이에 솔솔 뿌리기도 했다.

들판을 옮겨 다니다 보면 빈 밭에서 움파를 발견하기도 했다. 움파는 어떻게 보면 죽다 살아난 부활한 대파의 다른 이름인데, 주로 작년에 거두어들인 고추밭에 살아 있었다. 예전에는 대파를 밭 전체에 심는 경우가 드물었다. 고추씨를 고랑에 직파하면서 대파 씨도 드문드문 고명처럼 뿌렸다. 그러니까 고추밭 이랑에 대파를 섞어 키우는 것이 옛날 농사법이기도 했다. 대파는 가을 김장철 무렵에 수확했다. 그 파는 고추나무 뿌리 틈바구니에 끼여 있어서 그 파를 거두어들이기에는 곡괭이가 제격이었다. 그랬음에도 대파의 줄기와 잎사귀만 뜯기고 뿌리가 땅속에 남겨진 경우가 생겼다. 이것이 시린 겨울을 뚫고 조금씩 자라 올라 움파가 되었다.

이 파는 발견한 사람이 임자였다. 누구네 밭이든 눈에 띄면 나물처럼 캘 수 있었다. 역경을 딛고 살아남느라 채는 짧고 오동통하였다. 봄나물 중 달롱개는 가늘고 길어서 부피감이 적었고, 나숭개는 있는 곳에만 있었다. 꽃다지는 포근포근한 식감에 비해 향이나 맛이 깊지 않아 그저 그랬고, 씬냉이는 쓴맛이 강해 선호하는 사람이 아니면 잘 캐지 않는 나물이었다. 쑥은 날씨가 좀더 따뜻해져야 많이 나와서 바구니 채우기가 만만치 않았는데 움파는 예닐곱 뿌리만 있어도 왕건이를 건진 듯이 오졌다. 다른 나물같이 쉽게 풀 죽지도 않아서 바구니가 든든했다.

사실, 어머니는 내가 친구들과 봄들로 나가는 것을 그리 좋아하지 않았다. 나물을 깨끗한 곳에서 캤는지를 알 수 없다고 하였다. 티끌이며 누른 잎이 붙어 있는 것들을 가지고 오면 다듬고 정리하는 데 손이 너무 많이 간다고 하였다. 달롱개는 달롱개대로, 나숭개나 꽃다지는 그것들대로, 쑥은 쑥대로 모아서 담아왔어야 했는데 그렇지 않다는 것이었다. 캐다가 놀다가 들고 온 것이 성에 찼을 리가 없었지 싶다. 한번은 나물 바구니를 마당 끝 두엄자리에 획 던져버린 적도 있었다. 그 순간 조금 무섭기는 했으나 화가 나거나 야속하지는 않았다. 잔소리를 가장한 훈육이거나 충격 요법을 통한 자식 사랑의 다른 표현이었음이 통했을 수도 있다. 단지 어머니가 경계한 것은 "시냇가에 앉아서 다리도 쉬고 버들피리 만들어 불면서 가자 꾀꼬리도 산에서 노래하잔다."(「봄맞이 가자」)에 있었을 것이다.

나물을 빌미로 하여 온갖 해찰은 다 했을 테고, 재미난 놀이에 빠져 날이 저무는 줄도 몰랐기 때문이었다. 어린것들이 밖에서 노는 것은 낭언하고 거칠 것 없는 영혼임을 모르는 바는 아니었지만 살림에 겉도는 남편처럼 아이들까지 팽팽 놀기만 할까 걱정이 되었을 것이다. 자식이라도 반듯하게 잘 기르고 싶은 애틋한 모정이었으리라. 또 단 손 대기로 살아가는 형편에 부르면 달려와 잔심부름이라도 해 준다든지 하다못해 동생들이라도 돌봐주기를 기대했을 수도 있다. 그런 마음을 헤아려 곁에서 늘 돕는다고 도왔지만 아이는 아이일 뿐이었다.

오늘같이 봄비가 조용히 내리면 살뜰한 어머니가 있던 풍경과 움파양념장이 떠올라 귀향하는 한 마리 물고기처럼 아득한 고향 어느 즈음으로 자박자박 걸어가 본다.

떠돌이별처럼

그 애 이름은 점봉이었다. 필시 몸속 어딘가에 봉긋한 점이 돋아 있겠지? 이름을 듣는 순간 짓궂은 상상이 일었다. 마을 사람들은 "점벵아", 또는 "점빙아"라고 불렀다. 소통이 잘 안 될 때는 내 외할아버지 이름을 끼워 "아, 왜 그 이수씨네 꼬마뎅이"라고 콕 집어 말했다. 점봉이는 내가 예닐곱 살이었을 적에 열한두 살쯤의 소년이었다. 어디서 흘러왔는지 알 수 없었다. 어느 날부턴가 그냥 우리 중에 있었다. 임헌영의 수필 「금빛 게으른 울음」을 읽다가, 달을 보아야 하는데 달을 가리키는 손가락 같은 소 치던 아이 점봉이가 떠 올랐다.

외할머니 집에는 한두 명의 장정 일꾼이 있었다. 상머슴 격인 나이 지긋하고 듬직한 이와 보통 일꾼인 다른 한 명이 있었다. 그 밖에 소소한 노동력을 제공하던 군식구 서넛이 상주하다시피 했다. 덕분에 아주 바쁜 농번기가 아니고는 일손이 부족하지는 않았다. 그런데 마을에는 가끔 궤도를 이탈한 떠돌이별처럼 객식구가 나타났다. 사람들은 묵언의 약속처럼 몇몇 집을 지목해서 보냈고, 내 외가도 그중 하나였다. 그렇게 등장한 아이가 점봉이였다.

머무는 동안 밥벌이를 책임지라는 의미로 일을 몫 지어 주었다. 주로 소를 돌보는 일이었다. 제 몸보다 훨씬 큰 소를 들판에 매어 놓거나, 풀을 뜯기다가 저녁때 몰고 들어왔다. 소가 들판에서 풀을 뜯어 먹고 있을 때 그 아이는 자유였다. 밧줄을 느슨하게 풀어 쇠말뚝을 튼튼히 박아 놓고 그런 후에 멀찌감치에서 지켜보다가 장소를 두어 번 옮겨 주면 되었다. 그 시간만큼은 동서남북에서 날아오는 어른들의 잔소리를 피할 수 있었다.

새벽이나 석양 무렵엔 쇠죽을 쑤었다. 쇠죽가마에 여물을 잔뜩 집어넣고 모아놓았던 허드렛물을 부었다. 장작이나 잘 마른 솔가지, 때론 마른 콩대나 들깨 대를 태웠다. 다 끓이면 외양간의 구유에 날라다 주었다. 어른들이 주위에서 섭렵해 주었지만, 천방지축 어린애에게는 재미없고 심드렁한 일이었다.

저녁 무렵 쇠죽을 끓일 때면 유행가 한 곡조를 맛깔나게 뽑았다. "운다고 옛사랑이 오리오 만은/ 눈물로 달래보는 구슬픈 이 밤…." 「애수의 소야곡」이었는데 목소리가 제 눈빛보다 맑고 구슬펐다. 고샅을 휘저으며 아이들과 놀 때와는 달랐다. 열한 살 나이에 인생의 고단함을 알아버렸을까. 아무래도 이해할 수 없던 그 애의 감성을 최근에서야 고개 끄덕여지는 상황으로 접했다. TV 경연 프로그램 「내일은 미스트롯 2」에서였다. 청학동 소녀 김다인의 「회룡포」나 아홉 살 어린이 김태연이 부른 「바람길」이라는 노래를 들었다. 세상에 아무 거리낌 없이 천진무구하게 자랐을 소녀들도 저토록 애끓게 절규하는데 혈혈단신 점봉이의 심정이 어떠했을지.

그 애는 부지깽이로 부뚜막을 '톡, 톡' 두드리며 장단을 맞췄다. 계절이 바뀌면 노래도 바뀌었다. "아아 으악새 슬피 우니 가을인가요/ 지나친 그 세월이 나를 울립니다…." 「짝사랑」이었다.

「금빛 게으른 울음」을 읽다가 곁길로 빠진 것은 작품 속의 소와 관련한 다채로운 일화 때문이었다. 한편으로 소들의 농밀한 생리현상 묘사와 전통 소에 대한 애정 어린 정보를 접하면서 '늘 소를 바라보며 살았는데 소는 건성으로 대하고 한 소년의 부지깽이만 보고 자랐구나.' 하는 자성도 되었다.

일손이 부족한 농촌에서 소먹이를 하는 일은 청소년들도 거들어야 했다. 집에서 쇠죽을 끓여 주기도 했지만, 풀들이 무성한 때에는 집 밖으로 몰고 나갔다. 작가의 고향에서도 '어정칠월 동동팔월' 무렵 저녁나절에 그렇게 했다고 하니, 소 한 마리에 학동 한 명씩 긴 행렬로 이어졌을 시골길이 그득했겠다. 해가 설핏 기운 하늘은 아직 푸르렀을 것이고 들판은 초록으로 무성했을 테지. 소들의 건강한 황톳빛이 들판과 대비를 이루는 싱그러운 원색의 고향이 거기 있었다.

소들이 풀을 뜯고 있던 시간에 학동들은 다양한 이벤트를 즐겼다. 입술이 가짓빛으로 질릴 때까지 물놀이를 할 수 있었고, 개울가 바위틈에 사는 집게발의 가재를 잡기도 하였다. 정자나무 아래서 낮잠을 즐길 수도 있었다. 「금빛 게으른 울음」에서 고등학생 정도의 청소년은 그늘에서 책을 읽기도 했다. 아마 그때 청소년이 임 작가가 아니었나 짐작해 보기도 했다.

우리 마을에서 소 치던 아이들 중에는 학동이 아닌 아이도 있었다. 사는 형편이 어려워 학교에 가지 못했거나 어쩌다가 마을에 머물게 된 점봉이 같은 경우였다. 그 애는 섬은사위가 넓은 큰 눈에 긴 속눈썹을 가졌다. 껌뻑이는 모습이 송아지의 커다란 눈과도 닮아 어딘지 모르게 슬퍼 보였지만, 샐쭉 웃을 때는 개구쟁이 어린애 그 자체였다. 얼굴형은 길고 둥그스름하였다. 짧게 깎았던 머리카락이 자라나면 성게 가시처럼 쭈뼛거렸고 목 뒤 중앙에 쏙 빠져나온 제비초리가 있었다. 또래보다 왜소했지만, 몸은 날랬다. 골목에 나가 아이들과 얼크러졌을 때는 작은 몸피와 다르게 다부졌다. 어떤 날은 놀이에 빠져 들판에서 소를 몰고 오는 것을 까맣게 잊은 적도 있었다. 밤중에 어른 일꾼들과 함께 등불을 밝혀 들고 찾아오기도 했다.

그 아이는 소를 돌보지 않을 땐 잔심부름을 했다. 앞마당 우물에서 부엌까지 물을 길어 나르거나 헛간에서 땔감을 옮겨오기도 하였다. 함석 양동이 가득 물을 담아 갈 때는 질금질금 엎지르기가 다반사였다. 나뭇단을 안고 오면 거의 끌다시피 해서 황토로 다진 마당에 삐뚤빼뚤 선들이 그어지기도 했다.

점봉이는 검정 고무신을 신고 다녔는데 그 검정 고무신은 소 꽁무니를 따라다니랴, 어른들 심부름에 달리랴, 부산스러운 주인을 태우고 다니느라 시도 때도 없이 숨이 가빴다. 언젠가는 골목에서 놀다가 신발 한 짝을 날려버리기까지 하였다. 잃어버린 신발을 찾느라 날이 저무는 줄도 몰랐다. 그런 일이 있을 때마다 어른들은 골목길을 향하여 "점빙아~이."라고 성화를 댔다. 지청구라도 들을라치면 울 것 같았는데 절대로 울지는 않았다. 오히려 "히히" 웃으며 능청스럽게 에둘러 갔다.

그 애의 거처는 사랑방 귀퉁이였다. 사랑방이라고 해서 책가도가 드리워지고 서안 위에 문방사우가 가지런히 정리된 선비들의 그곳은 아니었다. 그냥 사내들의 공간이었다. 정확히 말하면 일꾼들의 방이었다. 일꾼들과 동네 남정네들이 일하다 놀다 잠도 자는 곳이었다. 그 틈바구니에 점봉이가 있었다. 드러누우면 등이 따뜻했다는 것 말고 아동에게 쾌적한 공간은 아니었다.

횃대에는 시큼한 땀냄새가 나는 옷들이 걸려있고, 고리한 발냄새며 아궁이에서 올라온 매캐한 내도 스며 있었다. 한쪽 벽 쪽에는 가마니틀이 놓였다. 구석 쪽 벽에는 짚신 삼을 때 쓰는 형틀이 망태기에 담겨 걸려있었다. 농한기가 오면 새끼를 꼬거나 멍석과 멱

서리도 짰다.

글줄이나 읽은 동네 한량은 낭랑한 소리로 『춘향전』을 노동요 삼아 읽어 주었고, 『삼국지』도 들려줬다. 제비초리 소년에게는 까막눈이라도 피하라고 백열전등을 가까이 당겨 글과 셈을 가르쳐 주었다. 그러나 그 애는 헐레벌떡 뛰어다니며 노는 것과 유행가를 멋들어지게 부르는 것 말고는 도통 관심이 없었다. 물론 속마음은 알 수 없었지만, 언젠가는 부는 바람 따라 훨훨 떠나가고 싶은 기색의 아웃사이더였다.

겨울이 오면 동네 아이들의 손등은 더덕 껍질처럼 거칠어졌다. 거칠다 못해 갈라지고 터졌다. 점봉이도 예외는 아니었다. 그래서 가끔 쇠죽을 퍼주고 남은 물에 두 손을 담가 때가 불기를 기다리며 또 트로트 한 곡을 읊었다. “미아리 눈물 고개 임이 넘던 이별 고개 / 화약 연기 앞을 가려 앞 보고 헤매일 때….”

쇠죽물은 뜨끈하고 검푸르죽죽했다. 쇠죽가마 아궁이 앞은 잉걸불이 남아 따뜻했다. 짚방석을 깔고 앉아 불린 때를 밀었다. 자그마한 돌멩이를 주워다가 도구로 삼았다. 손을 씻은 후에는 어디서 났는지 덩어리진 쇠기름을 단방약처럼 바르기도 했다.

해가 두 번쯤 바뀐 어느 날, 열한두 살 삶을 온몸으로 부대끼던 소년은 볼 수 없었다. 왔던 곳이 묘연했듯이 떠나간 곳도 그러했다. 애절했던 노랫소리도 들을 수 없었다. 그 애가 벗어놓고 간 뒤축 닳은 검정 고무신과 소 울음만 덩그러니 남았다.

그리고 나는 또 다른 떠돌이별이 되어 흐르는 동안 그 앨 잊었다. 「금빛 게으른 울음」 속 '소먹이기' 일화를 통해 봄날 깜빡 찾아온 점봉이를 백일몽처럼 만났다.

산벚꽃 피면

산벚꽃이 핀다. 30여 년 전에도 피던 꽃이다. 아니 그 이전에도 피었던 꽃이다. 다르다면 그때는 산벚나무가 아기 나무였다는 것이다. 지금은 갈맷빛 침엽수들과 연둣빛 새잎들 사이에서 어깨를 견주며 온 산에 반, 반으로 그득하다. 그때나 지금이나 이 봄 풍광을 마주하면 내력 없이 가슴이 설렌다. 하지만 그것도 사람마다 다르다는 것을 절감했던 기억 하나가 있다.

올봄처럼 산벚꽃이 벙글던 날 아침이었다. 함께 출근하던 승용차 안에서 운전을 맡은 동료 교사가 말했다.

"오메! 산벚꽃 피네요. 차암, 곱구만요잉."

자못 감홍에 젖어 아침 인사 겸 건넸다. 나도 먼 산빛을 한 번 바라보고 반갑게 응수하려던 터였다. 그런데 조수석에 탔던 선생님이 훽 앞질렀다.

"곱기는 뭣이가 고와? 아, 못 먹고, 못살던 시대 잊었어? 그때 우리 머리에 희뜩희뜩하게 난 도장밥 같구만."

순간 화사했던 아침 분위기가 얼음땡이 되었다. 누구도 이 기상천외하고 뜬금없는 일갈에 토를 달 수 없었다. 그렇다고 하니 또 그렇게도 보였다. 엄동을 거쳐 온 상록수들의 칙칙한 빛깔은 우리네 머리털 같았다. 먼발치의 연분홍빛 꽃 무더기는 동글동글하게도 보였고, 분홍색이 아니라 희끗희끗하기도 했다. 정말이지 어릴 적 우리 몸에 생겨났던 버짐이나 도장밥을 닮았다. 내 얼굴이나 머리에 나지 않았더라도 그것은 그때를 살았던 우리 대부분의 아픈 경험이었고 이름 모를 부끄러움이었다.

30여 년 전, 나는 전라남도 구례에 있는 중 · 고등학교에 두루 근무했다. 전라북도에서 사범대학을 졸업했고 전주가 연고지여서 전라북도 내 공립학교에 취업하고 싶었다. 하지만 그 무렵부터 교원 임용의 문이 좁아지기 시작했다. 국립대학교 졸업생들은 도내에서 어느 정도 수용할 수 있었지만, 일부 교과목과 사립대학교 출신들은 다 수용하지 못했다. 따라서 공립학교 임용을 위해서는 전국 각지로 흩어져 순위 고사를 치러야 했다. 나는 인접 지역인 전라남도에 응시했고, 구례군교육지원청에 발령되었을 때는 경력 8, 9년이 되었을 때였다.

전주와 구례 사이는 주로 승용차로 이동하였다. 국산 자동차 생산이 원활해지면서 하나둘 개인용 차를 마련하기 시작했고 덕분에 장거리 출퇴근을 시도할 수 있었다. 나는 같은 학교 선생님들과 승용차 함께 타기를 하였다. 학교의 위치에 따라서 조금씩 차이가 있었지만 시간은 대략 한 시간에서 한 시간 반 정도가 소요되었다.

하루 두세 시간의 장거리 출퇴근은 고도의 긴장과 피로감을 동반하였다. 폭우가 퍼붓는 여름이나 산간 지방에 폭설이 쏟아지던 계절의 애환도 있었다. 그런 때 출근 시각에 늦지 않으려고 전전긍긍했던 일은 지금 생각해도 아찔하다. 여러 가지 어려움과 위험부담이 따랐음에도 가족과 함께 생활할 수 있다는 것 때문에 불사했지 싶다.

승용차를 함께 이용해서 좋은 점도 있었다. 다소간의 경비를 줄일 수 있었고, 학교와 가정 외에 우리만의 또 다른 공간이 마련되었다. 자연스럽게 교직 업무의 호불호나 웬만한 사생활에 이르기까지 허심탄회하게 나눌 수 있었다. 돌아보면 시시콜콜했던 점도 있었겠지만 많은 부분 든든한 의지가 되었다.

우리가 달렸던 국도 17번과 19번은 자연경관이 빼어난 지리산과 섬진강을 끼고 있었다. 굽이굽이 산길이었고 어느 지점에선가 헌옷을 누덕누덕 깁듯 날이날마다 보수공사를 하여 교통의 흐름을 방해받기도 하였다. 하지만 계절마다 피고 지는 경치에 젖어 불편했던 것들은 빠르게 망각하기도 했다.

이 무렵 우리는 같은 학교 동료 네 사람이 함께 다녔다. 도장밥을 연상해 낸 선생님과 나는 1950년대 중반, 다른 두 선생님은 1960년대생이었다. 6·25 전쟁이 끝난 후 초근목피로 연명하던 시대의 끝자락에 태어났다고 할까? 전쟁 이전이나 전쟁통보다는 훨씬 안정되고 좋은 시기라고 할 수는 있겠다. 그런데도 그 전쟁의 여파로 못 먹고 못살던 시대, 그것이 우리의 어린 시절이었다. 반공 방첩 멸공 등 투철한 이념의 키워드들이 우리를 키웠고, 재건을 외치던 물결 속에서 우리는 힘겹게 자랐다. DDT(dichloro-diphenyl-trichloroethane)로 통용되는 살충제를 농작물은 물론 닭과 오리, 사람의 몸에까지 만능처럼 무분별하게 사용하기도 했다. 아마 머릿속 도장밥 같은 피부 부스럼에도 이 약품을 사용하지 않았을까 싶기도 하다.

이 고난의 과정을 우리는 부모 형제들과 온몸으로 건너왔다. 팍팍하기만 했던 삶의 터전에서 악착같이 살아보려고 애썼던 그 끈기와 안간힘이 되돌아보면 지긋지긋하기도 했다. 전염병과 피부병이 도지던 그때가 희끄무레한 산벚꽃만 봐도 진저리가 났던 것이리라. 거기다 가정마다 제각기 다른 어려움이나 버거운 일상이 겹쳐 자라나던 우리들의 감성까지 앗아가 버리기도 했으리라.

보이는 것 저편을 떠올렸던 그이에게 선뜻 대응할 아무런 답을 찾지 못했던 것은 그 속에 나도 포함되어 있었기 때문이었다. 그때의 무딘 순발력에 차라리 감사했다. 하지만 "산벚꽃이 곱게 피네요."라고 말한 동료 교사에게는 사실 이렇게 맞장구를 쳐 주고 싶었다.

"맞아요. 분홍 꽃들과 연둣빛 잎들 좀 보세요. 그 어우러진 경계의 모호함이 화선지에 물 번짐 같아요. 세상에서 가장 아름다운 진경산수화 화폭 속에 우리가 있는 것 같지 않은가요?"

쑥물 한 중발

차를 몰고 어느 음식점 앞을 지나가는데 간판 우측에 내건 정호승의 시 「여름밤」이 눈에 띄었다. 운율에 따라 시를 읊기라도 하듯 커다란 직사각형 현수막이 바람결에 살살 흔들리고 있었다.

> 들깻잎에 초승달을 싸서/ 어머님께 드린다/ 어머니는 맛있다고 / 자꾸 잡수신다// 내일 밤엔 / 상추잎에 별을 싸서 드려야지

달과 별이 한꺼번에 쏟아져 가슴을 쿵쿵 친다. 들깻잎에 싸다니 얼마나 향기롭고 친근한 맛인가. 맛있다고 잡수시니 내일은 또 상추에 별을 싸서 드린단다. 달도 별도 자주 보지만 달처럼 특별하고 별처럼 빛나는 게 있을까. 자식이 주는 정성이 얼마나 기꺼웠으면

어머니는 맛있다고 자꾸자꾸 잡수셨을까. 상념에 빠지다가 나는 어머니께 무엇을 저리 정성껏 싸 드려보았나. 차창 밖으로 멀리 시선을 옮겨본다.

한참을 떠올려 보아도 향기로운 아무것도 드린 게 없다. 나이 열일곱 살에 어머니를 여의었다고 변명처럼 중얼거리는데 희미한 기억 하나가 스친다. 어림잡아 여섯 살쯤이었다. 그것도 드렸다고 친다면 쓰디쓴 쑥물 한 중발이었다. "엄마, 쑥물 드세요." 진하게 만든 쑥즙을 어머니 앞에 내밀었다. 딴에는 엎질러지지 않도록 조심하면서 어서 마시라고 재촉까지 하였다.

하던 바느질을 밀쳐두고 재봉틀에서 내려와 있던 젊은 엄미는 마실 나온 이웃집 할머니와 이런저런 이야기를 나누던 중이었다. 방문을 열어놓고 마루에 앉았었는데 앞산에서 우는 뻐꾸기 소리가 손에 잡힐 듯한 늦봄 무렵이었다. 둘은 담소를 나누며 고개를 끄덕이기도 했고 가끔 심각한 표정을 짓기도 했다. 흡사 나이가 지긋한 어머니와 젊은 딸 사이 같았다.

그러던 사이에 어린애가 불쑥 내미는 약그릇을 보고 어른들은 뜬금없다는 듯 한참 동안 말없이 서로 바라보았다. 할머니는 내 얼굴도 번갈아 바라보다가 빙그레 웃었다. 그리고 감 잡았다는 듯이 내게 물었다. "아가, 엄마가 머리 아프다고 하니까 약 만들어 왔냐?"

그랬다. 두 어른 곁에서 놀다가 대화의 한 토막을 얼핏 들었다.

어머니는 머리가 아프다고 하였고, 할머니는 걱정스러워했다. 그러고 보니 엄마는 기력이 없어 보였다. 얼굴이 창백하기도 하고 살짝 수심이 깃든 모습이기도 하였다. 그 순간 나는 어머니가 병이 났으니 약이 필요하다고 판단했다.

중발 하나를 챙겨서 집 앞 냇가로 나갔다. 풀잎을 뜯어다가 반찬을 만들고, 몽근 흙을 퍼서 밥이라며 냠냠거렸던 소꿉놀이 터에서 쑥즙을 만들기 시작했다. 산골 마을 냇가에는 여느 시골처럼 쑥이 많았다. 샘물에 진배없이 도랑물은 깨끗했다. 쑥 잎을 뜯어서 물에 씻은 후 납작한 돌 위에 얹었다. 동그란 돌멩이를 공이 삼아 짓찧었다. 소꿉장난할 때 여러 번 해보았던 놀이를 재연했으리라. 찰방찰방하게 쑥물이 배어 나오면 작은 손아귀로 있는 힘껏 쥐어짰다. 손가락 사이로 흘러내리는 암녹색 쑥즙에서 강하고 씁쓸한 향이 올라왔다. 이 맛과 향이 약이 되리라 찰떡같이 믿었다.

당시 쑥은 국이나 떡, 쑥버무리 등으로 접했고 그 즙을 약으로 마셨던 일을 흔히 보았다. 특히 체하거나 기운이 없을 때 코를 잡고라도 목 안으로 넘겼다. 그래서 어머니도 머리가 아프니 체했을 것이라고 예단했다. 쑥즙을 만들어서 체기가 '쑥' 내려가게 마셔야 한다고 내 맘대로 처방을 내렸다.

오랜 세월이 흐른 후에 그때 어머니의 그 두통은 셋째를 수태하여 입덧 중에 나타난 증상이었다는 것을 알게 되었다. 식사를 제대로 하지 못해 기력이 없었고 수심이 깃든 얼굴은 내리 두 딸을 낳고 또 딸을 낳을까 봐 불안한 마음 때문이었단다. 상큼한 풋살구 같은 과일이나 입덧을 이기는 음식이 필요했을 시기에 소화제 같은 쑥물이나 마시라고 들이밀었으니 얼마나 가당찮고 우스웠을까. 메스꺼운 울렁증이 가라앉기는커녕 부추기지는 않았을지.

아주 가끔 그때 그 쑥물을 왜 만들었을지 자문했다. 어린 마음에도 나와 동생의 전부였던 어머니가 아파서는 안 된다는 간절함이었을지, 삶과 죽음이 뭔지도 몰랐을 때였지만 어머니가 아니면 죽을 수밖에 없으니 본능적으로 밀착된 건 아니었을지, 생활 능력이나 현실감이 적었던 아버지를 신뢰하기보다는 거목에 붙은 매미처럼 엄마에게 달라붙어야 한다는 일종의 영악함이었을지. 아니면 심청이 같은 효심이 싹트고 있었나, 두둔하다가 그예 웃고 만다.

살면서 얼토당토않은 생각과 판단을 한 적이 더러 있었는데 그 첫 번째가 이 쑥물 사건이지 싶다. 그나마 지금은 씁쓸한 한 중발의 효성을 대접할 어머니가 없다. 할 수만 있다면 귀하디귀한 달이나 별은 제쳐두고 구운 삼겹살 한 점이라도 싸서 어서 드시라고 권하고 싶은 마음이 굴뚝같다. 그리고 어느 늦봄의 한나절 마루에 앉아 도란거리던 풍경 속에 어머니와 내가 있었으면 좋았겠다는 그림 한 조각을 덧대 본다.

때때 언니

저녁노을이 샐비어꽃처럼 붉은 가을날, 오래간만에 「아이보개」 모음곡을 들었다. '아이보개'는 아기를 돌보는 아이라는 말로 1960, 70년대까지 주로 10대 여자아이가 그 역할을 맡았다. 가야금 연주가 황병기의 작품명이기도 하다. 그 곡을 듣노라면 내 예닐곱 살 무렵 추억 한 꼭지와 스쳐 지나간 인연의 소녀가 떠오른다. 그의 이름은 '때때'였다. 때때는 마을의 어떤 부잣집에서 아기를 돌보아 주며 더부살이를 했다. 청각과 언어 장애가 있었다. 정도가 어땠는지는 알 수 없고 의사소통을 할 수 있는 말 대신 "어버버버" 하거나 "때, 때" 하면서 손짓과 발동작으로 의사를 표현했던 기억이 난다.

「아이보개」는 가야금과 대금, 장구로 편성된 무용 모음곡이다. 10대 또래의 놀이와 생활을 주제로 했다. 악기 편성이 단조롭지만 듣고 있으면 천진했던 동심을 돌아보게 한다. 어린 시절을 테마로 삼았다는 점에서 얼핏 슈만의 피아노 모음곡 「어린이 정경」이 연상되기도 한다.

황병기의 이 모음곡은 4개의 장으로 작곡되었고, 각각의 장에 「연날리기」「행진」「제기차기」「귀가」라는 표제가 붙여졌다. 특히 곡의 후반부 「귀가」를 듣노라면 밖에서 놀다가 해 질 무렵이 되어 집으로 돌아가는 아이들의 모습이 얼비친다. 가야금 연주의 빠르기는 느슨하고 대금의 선율은 멀리서 들려오는 메아리처럼 고졸하다. 아기를 업고 귀가하는 아이보개 모습이 쓸쓸하게 그려진다. 그 속에 내가 만났던 때때도 아기를 업고 서성인다.

때때라고 불렸던 데는 두어 가지 집히는 대목이 있다. 하나는 자신이 생각하는 바를 제대로 발화하지 못하고 "때, 때" 하는 소리에 그쳤기 때문이었다. 다른 이유는 그 시절에 때가 끼어 꼬질꼬질한 게 그애뿐만은 아니었음에도 몸에 때가 많다고 그렇게 빗댔을 수 있다. 그가 어떻게 우리 마을에 살게 되었는지는 기억에 없다. 나이는 나보다 배 이상 차이가 났고 단발머리의 숱은 덥수룩했다. 이목구비는 약간 일그러져 보였다. 하지만 뼈대가 굵고 키가 컸으며 힘도 셌다. 학교에 다니지는 않았다. 또래 아이들과 마음놓고 놀 수도 없었다. 밥벌이로 늘 아기를 돌보아야 했고, 그런 그를 친구들이 놀이에 끼워주지 않았기 때문이다.

그래서였던지 그는 아기를 업은 채 예닐곱 살에서 아홉 살 정도

내 또래 주변을 배회하였다. 우리가 웃으면 표정으로 같이 웃고 놀이 장소를 옮기면 따라왔다. 위 또래들과는 다르게 우리는 가끔 편이 짜지지 않거나 짝이 맞지 않으면 선심 쓰듯 한 번씩 때때를 끼워주었기 때문이다. 그는 아기를 업은 채로 놀이에 참여했어도 동생뻘인 아이들보다 탁월하였다.

추석 이튿날이었다. 온 마을 아이들이 동네 어귀 숲거리에서 놀이판을 벌였다. 그곳은 읍내로 통하는 길목이면서 서너 군데 둥그렇게 쌓아 올린 돌무지가 있었다. 늦은 하굣길에는 깊은 어둠 속에 잠긴 물체로 보여 등에 땀이 나는 곳이기도 했다. 달걀귀신과 도깨비불이 나타난다든가 밤이면 마주 보이는 산등성이를 타고 호랑이가 내려온다는 말이 옛이야기가 아닌, 현실로 전해지던 곳이었다. 더구나 멀지 않은 논 가운데에는 상엿집까지 있어서 으스스하기도 했다. 하지만 평소에는 우거진 숲이 시원했고 가는모래로 덮여 있어 어린애들이 놀기에 맞춤한 운동장이었다.

숲거리의 놀이 기구는 청년들이 나무에 매어놓은 그네 한 개가 다였다. 그랬는데도 아동들은 한가위 명절 기분 그대로 즐거웠다. 모음곡 「아이보개」 제2장 「행진」과 제3장 「제기차기」의 분위기가 이때 놀이 정황과 겹친다. 모둠, 모둠 나뉘어 숨바꼭질, 줄넘기, 제기차기, 고무줄놀이 등으로 시끌벅적 절정을 이뤘던 광경이 음악과 섞인다. 그때 때때도 우리 주변을 맴돌고 있었다. 보통 머슴을 살거나 남의 집에 얹혀살던 이들은 고향으로 명절을 쇠러 갔는데 그는 딱히 갈 데도 없었던 것 같다. 모처럼 명절 휴가이어서인지 그날은 아기를 업고 있지는 않았다.

오후 두세 시 무렵이었다. 빗방울이 떨어졌다. 우리는 대수롭지 않게 여기고 놀이에 빠졌다. 지나가는 비이길 바랐고 한여름이 지난 때라 그리 드센 비가 내리지는 않을 거라고 어린 마음에도 믿는 구석이 있었다. 그런데 예상과 달리 작달비가 퍼붓기 시작했다. 삽시간에 빗소리가 숲을 집어삼켰고 번개는 번쩍번쩍하였다. 나무 밑으로 비를 피하며 우왕좌왕하고 있는데 천둥소리가 멀리서 또 가까이서 우르릉댔다. 그러다 어느 순간 잠깐 눈이 멀 정도로 섬광이 비쳤는가 했는데 "따 다다닥! 우지끈" 하는 소리가 동시다발로 들렸다. 굵은 나무줄기가 땅바닥에 나뒹구는 모습으로 보아 어떤 고목이 벼락을 맞은 것 같았다.

어른들이 말하기를 천벌을 받은 사람이 벼락을 맞는댔는데 이곳에 계속 있다가는 천벌의 주인공이 될 것 같았다. 죽음이 뭔지도 몰랐을 때였음에도 이러다 죽을 수도 있겠다는 두려움이 먹구름 떼로 몰려왔다. 조무래기들은 혼비백산하였다. 여기를 빨리 떠야 한다는 절박감에 울며불며 달리기 시작했는데 제자리에서 뛰고 있는 것 같았다. 일단 마을로 가야 했는데 숲과 마을 사이에는 시냇물이 흘렀고 큰 돌로 만든 징검다리가 놓여 있었다. 그새 물이 불어 돌다리 위로 넘실댔다. 물살에 휩쓸리면 마른 가랑잎처럼 떠내려갈 수도 있었다. 그런데도 냇물을 통과하는 일을 더이상 지체

할 수 없었다. 어떻게 해야 안전한지도 알지 못한 상태에서 서로 손에 손을 잡고 물가로 다가갔다. 신발이 벗겨지거나 엎어지기도 하다가 고개를 들어보니 물살이 가장 센 부분에 때때가 서 있었다. 아심찮게도 그가 큰 나무처럼 버티고 서서 숲 쪽에서 마을 방향으로 아이를 한 명씩 건너 보내고 있었다.

덕분에 개울을 건넌 우리의 목적은 이제 집으로 가는 일만 남았는데 이미 벼락치는 소리에 겁먹고 세찬 빗줄기를 뚫고 번개와 천둥이 발끝에 계속 내리꽂히는 것 같아 앞으로 나아갈 수가 없었다. 결국 각자의 집으로 가는 걸 포기했다. 누가 먼저였을지 동네 첫 번째 집을 지나 두 번째 집으로 뛰어들었다. 마당을 지나 댓돌과 마루를 거쳐 안방으로 스며들었다. 집에는 아무도 없었다. 들일을 하러 갔다가 우리처럼 돌아오지 못하고 어느 곳에서 비를 피하고 있을 터였다.

남의 집 안방으로 긴급 대피한 크고 작은 아동이 스무 명은 좋이 되었던 성싶다. 그 와중에도 누군가 벽에 붙어 앉으면 벼락을 맞을 수 있다고 말 해 순간 벽과 거리를 두고 앉았다. 그렇게 둥그렇게 둘러앉고 보니 순식간에 수건돌리기 놀이 대형이 되었다. 그 상태에서 요란한 천둥소리가 들릴 때마다 눈을 감고 양손으로 귀를 감싸 쥐며 머리를 숙였다. 설상가상으로 바람이 불어닥쳤다. 방문 두 개 중 하나가 휙 열렸다. 애들이 자지러질 듯 소리를 질렀다. 문을 닫지 않으면 그곳을 통해 벼락이 들어올 것만 같은 불안감에 사로

잡혔다. 방문을 닫으라고 암암리에 신호를 보냈다. 그런데 아무도 닫을 엄두를 내지 못했다.

그때였다. 때때가 일어나서 문 쪽으로 성큼성큼 다가가 활짝 열린 문을 닫았다. 닫힌 문을 보니 창호지가 건성으로 붙어 있거나 숭숭 뚫려있었다. 여름을 나기 위해 만든 창호여서 열렸을 때나 별반 다르지 않게 밖이 훤히 내다보였다. 그러나 닫혔다는 안심의 정도가 달랐다. 문을 닫은 후 때때는 무섬증으로 떨고 있는 아이들을 꼭 안아주기도 하고 등을 다독여주기도 했다. 그의 그런 행동들이 천둥소리까지 막아낸 것은 아니었을 테지만 어쨌든 우리들은 상대적으로 무서움이 덜했던 것은 사실이다. 지금 생각해 보면 그 내면의 따뜻한 심성이 우리들에게 그대로 전달되어 그리 되지않았을까 싶다.

그 시절 아이들이 집 밖에서 놀이에 과몰입했던 건 허전해서였을 수 있다. 가족이 모두 논밭에 나가서 집안은 텅 비었었다. 누군가로부터 보호가 필요했을 시기에 아이들은 얼마간 방치되었는데 생각해 보면 그런 틈새를 때때가 함께해 주었다. 공허함을 채우려 어린이들이 바깥에서나마 또래, 또래 모여 놀다가 궁지에 몰렸을 때 때때는 진정으로 온 동네의 아이보개가 되어주었던 것이다. 장애가 있고 부족해 보여 누구도 관심있게 지켜주지 않았지만 때때는 너무도 의젓하게 우리를 감싸준 속 깊은 언니였다. 오랜 세월이 지났음에도 가끔 그 추석 이튿날의 현장이 수면 위에 떠오를 때가 있다. 그럴 때 모음곡 「아이보개」를 들으며 고마웠던 때때 언니를 뇌어 본다.

언감생심

겨울 산이 얼었다. 돌돌 흐르던 계곡은 촟농 빛 하얀 띠로 길게 맺었다. 산등성이에서 등을 따습게 감싸주던 말간 햇빛은 골짜기에 미처 닿지 않았다. 이른 산행을 마칠 즈음, 직박구리 한 마리를 발견했다. 새는 하늘 끝에라도 닿을 듯 우뚝한 돌감나무 주변을 허둥대고 있었다. 감나무에는 농익었다가 얼어붙었을 자잘한 돌감이 가지마다 성글게 매달렸다.

이른 시간 산속에 떠도는 새가 이상한 건 아니었지만, 나무 위에서 총총대는 몸짓과 지저귐에 시선이 끌렸다. 가족의 포식 장소를 찾아왔을까. 아니면 나처럼 산책이라도 즐기고 있었을까. 어미였을까, 아비였을까, 배필을 만나러 길을 떠난 청춘 새였을지 상상하다가 몹시 수다스러운 정황으로 보아 짝을 부르는 모습은 아니라고 판단하였다. 언젠가 들은 이야기인데 직박구리는 상대를 그리워할 때 매우 예쁜 소리를 낸다고 들었다. 저렇게 호들갑스러울 만치 부산한 상태는 간절하게 찾던 밥을 발견한 설렘과 기쁨의 표현으로 해석되었다. 일용할 양식을 찾았으니 어딘가에 있을 무리를 향해 어서 떼 지어 오라고 "찌르륵 찌르륵" 신호를 보낸 것으로 읽혔다. 사람이나 동물이나 먹을거리 앞에서 기쁘지 않을 수 있겠는가.

밥을 떠올리고 보니 잠재된 내 의식은 저 새가 어미 새일 거라고 낙점했다가 '아니지, 가족을 건사하려는 아비 새일 수도 있어.'라고 관점을 바꿨다. 그 아비 새의 외침은 이렇게 들렸다. "야호! 얘들아, 아빠가 맛있는 먹을거리를 발견했어. 어서 이쪽으로 날아오렴." 그 소리는 심산유곡에서 산삼을 발견하고 "심봤다!"라며 외치는 심마니의 일성 같았다. "아주 잘 익은 홍시야. 한동안 우리 가족의 양식으로 훌륭하지 않니?"

잦은 날갯짓은 흥분으로 더욱 파닥거렸다. 마치 '이 감나무는 내가 찜했어, 내가 맡았으니 내가 주인이야, 아무도 침범할 수 없어.'라고 큰소리치며 이 가지 저 가지로 옮겨 앉기를 반복하는 것 같았다. 또 한편으로는 "아, 이를 어쩌지? 심술궂게도 감이 꽁꽁 얼어버렸어. 먹기에는 언감생심이지 뭐야?" 이렇게도 들렸다. 아비 새는 농익다 못해 검은빛을 띠기 시작한 돌감을 보고 성찬을 나눌 것에 들떴다가 뒤늦게 얼음덩어리가 된 사실을 알아차렸다. 작은 발을 통통거리는 새의 몸부림에 팽팽한 겨울 하늘이 쨍하고 깨질 것 같았다.

안절부절못하는 직박구리를 뒤로하고 돌아오는데 기억 속의 어느 풍경이 떠올랐다. 우리 집에는 겨울에 감을 보관할 수 있는 저장고가 있었다. 아버지가 뚝딱거려 만든 궤였다. 지금 생각하면 집에 감나무도 없는데 보관 용기가 있었다는 게 아이러니였다. 하지만 사고팔지 않아도 마을에 감나무가 흔해서 과실을 나눠주는 집들도 있었고 물물교환 형태로 주고받기도 했다. 덕분에 집집이 겨우내 군입정 거리로 얼마간 비축할 수 있었다.

저장고는 뒤주 모양이었는데 송판을 켜서 손에 가시가 박히지 않을 정도로 다듬어 만들었다. 어른이 허리를 굽혀 팔을 내밀면 닿을 만큼 깊었는데 넓적한 떫은 감 몇 접은 너끈히 들어갈 크기였다. 직사면체의 이 궤는 윗면 한쪽은 붙박았고 한쪽은 뒤주처럼 여닫는 문을 냈는데 자물쇠를 채우지는 않았다.

감 궤를 만든 아버지는 현실감이 적어 생계를 꾸리는 것에 더뎠다. 하지만 귀 뒤에 연필을 꽂고 먹줄을 튕기거나 대패질할 때는 퍽 자부심을 느꼈다. 이렇게 저렇게 목재를 다룰 때는 소목장 같았다. 싸리나무 속대로 채반이나 광주리를 엮을 때는 공예가 같았다. 다만 이상과 현실의 괴리감을 극복하지 못했던지 시대에 적응할 수 없어서였던지 경제적으로 가족을 온전히 책임지지는 못했다. 그런 아버지를 향해 주변 사람들은 "그 사람은 다 좋은데 한 가지 술이 문제"라고 뒷담화했다. 어린 내게는 "한 가지 안 좋은 점이

열 가지 장점보다 더 문제"라는 역설로 명치에 꽂혔다. 그래서였던지 세월이 이렇게 흐른 후에도 아버지와 함께했던 추억이나 애틋함을 드러내는 건 땡땡 언 감을 손에 쥐고 있는 것 같다.

부친이 손수 만든 궤는 부엌 뒷문을 열면 왼쪽 모퉁이 쪽에 놓였다. 먼저 궤짝 바닥에 지푸라기를 깔고 그 위에 감꼭지가 아래로 가게 한 후 감을 가지런히 늘어놓았다. 다시 지푸라기를 펼쳐서 감과 짚을 켜켜이 쌓아 보관했다. 그곳에서 겨울이 될 때까지 홍시가 만들어졌고 우리 입안에서는 군침이 고여갔다.

동지섣달 그야말로 긴긴밤에 어머니는 백열등 불빛 아래 재봉틀을 돌렸다. 8명 식구의 삶을 감당했던 힘겨운 재봉틀 소리 사이로 부엉새 울음이 들렸다. 한편으로 삶을 이겨내려는 어머니의 절규 같기도 했는데 그것보다 어린 마음에는 한밤중 부엉이 소리가 무서웠다. 듣기에 따라서는 깊고 그윽할 수 있었을지도 모르겠다. 하지만 부엉이 뒤에는 호랑이가 따라다닌다는 옛이야기 때문에 더 음산하게 느껴졌다.

그런 밤, 얼근하게 취해 집에 돌아온 아버지는 꽁꽁 언 홍시 몇 알을 저장고에서 꺼내왔다. 그 감은 직박구리가 만난 돌감처럼 얼어 있었다. 마음으로는 금방 먹고 싶었지만 그럴 수가 없었다. 아랫목에 파묻어볼까. 손으로 감싸 쥐어보기도 하면서 간절한 마음일 때 오랜만에 우리 집 가장이 호기롭게 말했다.

"조금만 기다려 봐."

양푼에 차디찬 찬물을 붓고 그 속에 감을 담갔다. 뜨거운 무엇으로 녹여야 할 것 같았는데 찬물에 감을 녹인다는 거였다. 이미 홍시 냄새가 날 만큼 술기운에 젖은 아버지의 취중 실언이었거니 했는데 얼마나 기다렸을까. 믿을 수 없는 광경이 나타났다. 말랑한 홍시를 남기고 얼음덩어리가 쏙 돌아 빠져나왔다.

돌감나무는 누가 버린 씨앗에서 발아했던지 참나무 틈새에서 살아남으려 무진무진 높게 자랐다. 드문드문 매달린 열매는 살구 크기만 했지만, 찔레나 망개나무 열매에 비할 바가 아니었다. 하산길에 감이 익어가는 모습을 올려다보며 한 가지 꺾어다가 백자 항아리나 옹기 화병에 척 꽂아놓으면 그럴싸한 정물화 한 폭이 연출되겠거니 눈독을 들이기도 했었다. 하지만 날짐승의 절박한 밥이 되는 현장을 목격하고 좁은 소견을 접었다. 그리고 내 아버지 마음속에도 직박구리의 날갯짓처럼 가족을 위한 애틋함이 있었을 것으로 미루어 짐작해 본다. 돌아가신 후에도 아버지를 향해 언감생심 다가갈 수 없는 부분이 있었는데 찬물에도 돌아 빠지던 얼음처럼 이제 그 마음을 녹이고 싶다.

오늘이 며칠이죠

상담사가 물었다. "오늘이 며칠이죠?" 질문이라기에는 너무도 일상적인 물음이었는데 꿈속에서 허방다리를 짚었을 때처럼 아찔했다. 긴장감이 한순간에 정수리 부분으로 쏠렸다. '그래, 오늘이 며칠이지?' 자문해 보았다. 9월은 분명했다. 그런데 오늘 날짜는 짙은 안개에 갇힌 것 같았다. 언제부턴가 한 번씩 '내 나이가 몇이지?'라고 놀란 적이 있었던 기억까지 겹치면서 '이거 심각한 증상인가?' 하는 생각에 마음이 덜컥 내려앉았다.

정해진 직장에 나가는 것도 아니고, 시각을 다투는 일도 없는 생활이 쌓이다 보니 그날이 그날인 삶, 굳이 날짜나 나이 같은 걸 기억하지 않아도 별 지장 없이 흘러가 주는 일상. 어제가 오늘 같고 오늘이 내일 같은 나날을 보내는 동안 마음속에 무사안일이 싹텄을까. 그깟 숫자 몇 개 기억하지 않아도 뭐 그럭저럭 지냈으니.

하지만 예상이 깨지고 그깟 숫자를 당면 문제로 맞닥뜨려 즉시 답해야 하는 절박한 상황이 되었다. 나는 상담사의 눈빛에 초점을 맞추며 몇 가지를 빠르게 유추했다. 그리고 퍼즐을 맞춰나갔다.

아침 일찍 메일을 열었다. '행복한 경영 이야기'에서 "할 수 있다고 생각한다면 이미 절반은 성공한 것이다."라는 문구를 읽었다. 오늘 한 일이라는 것은 분명했지만 오늘이 며칠인지는 알 수 없었다. 또 다른 메일 '시詩 읽는 CEO'에서 고두현 시인이 띄우는 시 한 편을 음미했다. 허영자의 「완행열차」였다. '시 읽는 CEO'는 매주 금요일에 배달된다. 그렇다. 오늘은 금요일이다. 하지만 정답은 아니었다. 내친김에 시 한 편을 되뇌어 본다.

> 급행열차를 놓친 것은 잘된 일이다./ 조그만 간이역의 늙은 역무원/ 바람에 흔들리는 노오란 들국화/ 애틋이 숨어 있는 쓸쓸한 아름다움/ 하마터면 나 모를 뻔하였지.// 완행열차를 탄 것은 잘된 일이다./ 서러운 종착역은 어둠에 젖어/ 거기 항시 기다리고 있거니/ 천천히 아주 천천히/ 누비듯이 혹은 홈질하듯이/ 서두름 없는 인생의 기쁨/ 하마터면 나 모를 뻔하였지.
>
> — 허영자, 「완행열차」

날짜는 계속 오리무중이었다. 인생의 급행열차를 놓쳐 버린 시점에서 완행열차까지 놓칠까 싶은 조바심이 밀려왔다. 이번에는 집을 나오기 전에 훑었던 인터넷 뉴스를 따라가 보았다. "김웅 압수수색에 야野 격앙…. '고발 사주' 정국 파장 확산" 등이 기억에 남아 있었다. 또 KBS 뉴스에서 방영한 9·11 테러 영상들이 스쳤다. 사건은 20년이 지났어도 미결 상태이며 아직도 희생자 1,000여 명의 신원 파악을 하지 못했다는 내용에 시선이 머물렀다.

그렇다면 오늘이 9월 11일인가? 그럴 수도 있지만 그렇지 않을 수도 있다. '9·11 관련 뉴스는 당일뿐 아니라 전후로도 할 수 있으니까.' 그런데 무슨 대답이든 빨리해야 할 것 같은 성급함이 불쑥 뛰쳐나갔다. "11일인가요?" 상담사가 표정을 살짝 바꾸는가 싶더니 질문을 돌렸다. "그럼 오늘이 무슨 요일이죠?" "금요일요." 나는 얼른 대답했다. "이제 다시 날짜를 떠올려 보세요." "13일인가?" 어떤 세포 하나가 딱하다는 듯 속삭였다. 그때 또 다른 세포가 외쳤다. "아니야, 13일은 월요일이야. 치과 예약 메시지가 왔었잖아?" "월요일이 13일이면?" 상담사가 추산해 보라는 듯 시선을 비켰다.

다급해진 나는 손가락을 꼽으며 거꾸로 헤아렸다. 그깟 날짜를 모른다는 부끄러움이 손가락 끝에서 떨고 있었다. 입 밖으로 13, 12, 11, 10을 소리냈고 속으로는 월, 일, 토, 금을 대입했다. 그런 후에야 비로소 확신에 차서 말했다. "아, 오늘은 9월 10일입니다."

언젠가 보건소로부터 치매 예방을 위한 홍보 우편물이 날아왔다. 마치 독촉받은 느낌이어서 선뜻 응하고 싶지 않았다. 무료 검사라 하니 왠지 성의 없을 것 같다는 선입견이 있었음도 부인하지 않겠다. 또 보건소 같은 곳에서 쓰는 "어르신, 어르신."이라는 호칭이 입에 발린 말 같고 듣기에도 거북했다. 하지만 초고령 사회의 길목에서 치매 문제가 이슈로 등장한 지 오래고 누구도 예외일 수 없다는 일말의 압박감에 마음이 동요했다. "호미로 막을 것을 가래로 막는" 사태를 맞기 전에 큰마음을 먹었다.

가을 햇빛이 따갑게 퍼지기 시작하는 9월 10일 오전 10시 무렵이었다. 보건소 안에 마련된 치매안심센터를 방문했다. 검사장에는 조그만 방이 세 개 있었다. 하나는 중앙 공동사무실이었고 그 좌우로 개별 검사실이 있었으며 두 명의 젊은 상담사가 대기 중이었다. 신원에 대한 간단한 질문을 하면서 학력 사항을 묻는 게 특이했다. 인지기능을 파악하는 데 개인차를 고려하는가 싶었다. 나를 담당한 상담사는 긴 머리를 뒤로 느슨하게 묶었고 체격이 큰 여성이었다. 상담을 진행하는 태도가 때로는 사무적이고 때로는 전문적이었다.

훅 들어왔던 날짜 맞히기 고비를 넘긴 후에 다른 검사를 시작했다. 질문자가 숫자를 네 개씩 먼저 말하면 내가 이어서 답했다. 그게 끝나자 이제는 숫자와 계절을 교대로 댈 차례였다. 이를테면 "1, 봄, 2, 여름, 3, 가을…." 하고 이어가는 식이었다.

그다음엔 몇 개의 도형을 제시하고 그려 보라 했다. 다음 순서는 도형을 차례로 나열하는 것이었다. 동그라미, 세모, 네모, 또 동그라미, 세모, 네모 이런 식이었다. 도형 문제가 끝난 후에는 문장 따라 하기 과정이었다. "민수는/ 자전거를 타고/ 운동장에 가서/ 11시에/ 야구를 했다." 어절의 순서를 기억하려고 하니 긴장되었지만, '평소 글쓰기를 통해 문장 연습을 했던 게 도움 되었나?' 싶어 속없이 우쭐해지기도 했다. 제시된 단어의 철자 거꾸로 나열도 있었는데 '금수강산'을 산, 강, 수, 금으로 뒤집으면 되었다.

마지막 순서는 좋아하거나 아는 과일과 채소 이름을 대는 거였다. "복숭아, 포도, 사과, 배, 감, 살구, 자두, 키위…" "배추, 무, 상추, 쑥갓, 열무, 시금치, 파, 마늘…." 내가 좋아하는 과일을 필두로 상담사가 "그만."이라고 할 때까지 주워섬겼다.

이번에 한 테스트는 그야말로 기초적이었다. 오늘 날짜를 물었을 때 답을 바로 떠올리지 못했던 것 말고는 거칠 것이 없었다. 하지만 그 물음에 선뜻 답하지 못하면서 충격을 받은 것도 사실이었다. 선별 검사를 진행하면서 깨달았다. 결국, 치매란 누가 "오늘이 며칠이죠?"라고 물었을 때 답을 기억해 내지 못한다는 황망함이었다. 사소한 것, 일상적인 것, 당연한 걸 까맣게 잊어가는 일이었다. 마치 초록색 잎사귀에서 초록 색소가 빠져나가 단풍이 되었다가 낙엽이 되는 거처럼….

어떤 불가피한 이유로 뇌 속에서 기억의 색소가 날아가 버린다면 그때는 어쩔 수 없겠지만 그러기 전에 사소한 것일지라도 일부러 지우거나 무심하게 대해서는 안 되겠다. 살아 있는 한 삶을 위한 절차탁마는 계속해야 한다는 절실함을 느꼈다.

검사가 끝나자 상담사는 결과지에 파란 색연필로 크게 동그라미를 쳤다. 정상이라고. 그 아래 다음과 같은 부연 설명이 있었다. “인지기능이 정상 수준입니다. 건강한 인지기능을 유지할 수 있도록 평소에 치매 예방수칙 준수와 고혈압, 당뇨, 고지혈증 등 만성질환 관리를 잘하고, 정기적으로 치매 조기 검진을 하기 바랍니다.”

명품 길 유감

전주에서 정읍으로 출퇴근하던 무렵, 어느 날 출근길에서였다. 금구 초입에 있는 금천저수지 부근을 지날 때였다. 우측 도로변을 무심하게 바라보는데 '○○명품길'이라는 이정표가 눈에 띄었다. 목재로 만든 조그만 직사각형 표지판이었다. 어림잡아 어른 손바닥 두 개 정도 크기쯤 되었다. 전문 광고사에서 제작한 것 같지는 않고 그저 뜻있는 누군가가 소박하게 만들어서 걸었을 이미지였다. 자동차로 빠르게 스치면 못 볼 법도 한데 어쩌다 내 눈에 띄어 출근하는 동안 머릿속을 맴돌았다.

명품이라면 국보 ○○번 백자달항아리라든가, 김소운의 수필 「특급품」에 나오는 비자목 바둑판 같으면 얼른 이해되었을 텐데. 하다못해 '루이○○ 핸드백'이라고 했어도 고개를 끄덕였을 터였다. 길 이름에 이런 단어를 붙이다니. "인간의 혼과 창의력을 가하여 빚거나 만들어 낸 가치 있고 아름다운 물건"이 명품이라는 원론적인 뜻이 무색하게 느껴졌다. 아무리 물질문명이 팽배했기로 길에 붙이는 명칭까지 상품화해서 이목을 끌어야 했을까. 물론 이렇게 만든 이는 좋은 뜻으로 그리했을 수도 있는데 내가 너무 민감하게 반응하는지는 모를 일이었다.

돌이켜보니 내가 본 명품 길은 또 하나 있었다. 중인동 근처에서 근무하던 때였는데 길 이름이 '조팝나무명품길'이었다. 천변을 따라 만든 방천길로 계곡 위쪽을 바라보면 모악산 정상이 올려다보이고, 시내 쪽으로 발길을 돌리면 삼천천을 따라 전주 시내까지 연결된 곳이었다. 그 이름표는 시내버스 정거장이 있는 길 초입에 문패처럼 세워져 있었다. 그리 크지 않은 타원형 방부목에 긴 각목을 지주로 박아 세웠다. 구름무늬 테두리를 배경 그림으로 그렸고 중앙에 '조팝나무명품길'이라고 적었다.

그때도 그 이름이 좀 뜨악했고 불편했다. 하지만 특별한 그 무엇이 있겠지, 호젓하고 사색하기 좋은 길일 수도 있겠거니, 어림짐작해 보다가 곧 잊어버렸다. 그것보다는 다음 해 봄에 조팝나무꽃을 가까운 곳에서 볼 수 있겠다는 설렘이 앞섰다. 어린 시절 고향에서 보았던 순백의 조팝나무꽃! 들판이나 야산에 뭉게구름처럼 둥실둥실 무리 지어 향기를 선사하던 꽃! 가난했던 시절이었지만 흔전만전 피어난 꽃 무더기에 마음을 위로받았던 정겨움이 남았다.

기실은 그 무렵 논밭에서 고부라져 농사를 일구던 내 어머니와 가족들이 그리운 것이기도 하였다. 어머니가 일하던 들길을 맴돌며 새하얀 꽃을 한 움큼 훑어 코끝에 대어보기도 했고 민들레 씨앗처럼 '후후' 불어보기도 했다. 좁쌀처럼 작은 꽃들이 종알종알 붙어 마치 꽃으로 만든 방망이 같았다. 줄기째로 꺾어 휘휘 흔들면서 청보리 밭길을 걷노라면 그 향기에 젖어 내게서도 덩달아 달콤한 향기가 났던 시절이었다.

조팝나무길 이정표를 보았던 이듬해 봄이 되었다. 모악산 아래 중인동 골짜기는 무릉도원을 방불케 했다. 산밑으로 복사꽃이 분홍 안개처럼 내려앉았고 산 정상에서 쉬던 구름이 긷히기니 봄비 갠 후 풍경은 선경이 따로 없었다. 폭폭이 진경산수화거나 투명한 수채화였다. 연둣빛 배경에 우윳빛 배나무 꽃이 봄날의 정취를 한껏 무르익게 하였다.

이 무렵 조팝나무꽃도 만개했겠다 싶은 어느 저녁나절이었다. 도심 저쪽에 무르익는 석양을 마주하며 조팝나무명품길로 접어들었다. 앙증맞은 꽃송이들과 가슴속까지 들이마시고 싶은 은은한 향기, 어린 날 추억 속의 꽃동산을 추억하며 천천히 걸었다. 얼마 가지 않아 나도 모르게 '아아'하는 신음이 터져 나왔다. 고이 간직했던 한 꿈이 쨍그랑 소리를 내며 깨어졌다.

방천길 양옆에 조팝나무를 심기는 했으나 밑둥지 부분과 꽃이 필 수 있는 두어 뼘 정도만 남기고 싹둑싹둑 무질러놓았다. 초등학교 시절 단정하라는 명목으로 눈썹 높이에 맞춰서 반듯하게 잘랐던 내 단발머리 같았다. 이 나무의 생명력은 가늘고 긴 줄기로 너울너울 우거져서 보기에 따라서는 낭만적일 수도 있는데 그 목숨줄을 짧게 잘라 버렸다. 꽃에도 영혼이 있다면 참을 수 없는 아픔으로 비명을 질렀을 풍경이었다.

그 모습을 보며 명품이라고 명명해 놓고 실상은 '조팝나무 싹둑길'을 만들어 놓은 사람들의 처사를 묻고 싶었다. 그렇게 한 데는 분명 그들만의 명분이 있었겠지만, 무슨 생각으로 그런 명칭을 붙였을지. 허망하게 부서진 내 꿈 조각들을 주섬주섬 추스르며 둑길 아래 계곡을 바라보고 한참 동안 걸었다.

방천길 아래 계곡을 바라본 심정은 더 무거웠다. 조팝나무꽃 길에 들어서기 전에 보았던 들과 산은 무릉도원이었는데 어느 물줄기의 최상류라고 할 수 있는 골짜기에 회수되지 않은 쓰레기들이 흐르는 물과 섞여 불협화음을 내고 있었다. 헌 타이어, 짝 잃은 운동화. 떠내려가다 걸려서 보를 만든 비닐류, 조각난 스티로폼, 큰 병, 작은 병, 플라스틱 조각들…. 물 따라 흘러가면서 인간 세상에 해害를 끼칠 것 같은 막연한 두려움이 솔솔 밀려왔다. 지난날의 추억이나 그리움 따위는 자라목처럼 쏙 들어가 버렸다.

사실 내게 길이란 명품 같은 무정물이 아니었다. 길은 스쳐서 지나는 공간일 수도 있지만 시시각각 살아있는 장소이기도 하다. 길흉화복 소통의 통로일 수 있겠고 기다림의 길목이며 만남의 광장이다. 변화하는 역사의 흔적들이 연결되고 쌓이는 곳이다. 그런 길 이름에 굳이 명품 따위를 붙여서 오히려 궁색해질 필요가 있을까. 쓸쓸한 기분으로 터벅터벅 걸어 돌아오는 길에 그래도 두어 뼘씩이나마 소곤소곤 피어난 꽃송이에서 은은한 향기가 실낱같이 전해졌다. 너무 모난 생각을 하지 말라고 어루만져 위로해 주는 것 같았다.

정읍 쪽으로 한동안 출근하면서 ○○명품길은 처음 본 이후로도 간간이 바라보고 다녀야 했다. 혹시 명칭에 대한 과민반응이 일어나려고 하면 그 대신 내게 오래 깊은 감동을 주던 길 이름 몇 개를 후딱 떠올렸다. 언젠가 보았던 '숨길' '바람 쐬는 길' 등은 듣기만 해도 숨이 후 쉬어지고 신선한 바람이 느껴져 기분이 좋아졌다. '꽃밭정이길'을 생각하면 마을 우물가 어디쯤엔가 예쁜 꽃이 피어있는 그림이 그려졌다. 내친김에 ○○명품길이 저수지를 끼고 걷는 길이라면 '○○물바라기 길' 같은 명칭은 어땠을까. 몇 년 전에 보았던 조팝나무 명품길은 '조팝나무꽃 향기길' 등의 순한 이름이었으면 바라보는 사람들이 훨씬 폭넓은 사고를 하지 않았을지 혼자 오지랖 넓게 중얼거려 보았다.

임플란트 경고

어금니 1개가 문제를 일으켰다. 의사는 임플란트를 할 수도 있다고 진단하였다. 오복 중 하나가 떨어져 나가나 하는 지레짐작에 나도 모르게 어깨가 처졌다. 치과를 나와 터벅터벅 걸었다. 눈길이 길바닥으로 꽂혔다. 보도블록 위에 가을이 내리고 있었다. 떨어지기 시작한 노란 은행알의 겉껍질이 조글조글한 채 나뒹굴었다. 아직 대량으로 농익지 않아서 특유의 냄새를 풍기지는 않았다. 어떤 열매는 오토바이나 자전거가 지나가면서 방아를 찧었는지 하얀 가루가 되다시피 했다. 치아도 바스러지면 저럴까? 애써 하늘로 시선을 돌리며 조금 전 병원에서 있었던 일을 되짚어 본다.

위생사가 치석을 긁어내고 이와 잇몸 사이에 소독약을 발랐다. 치간칫솔로 잇새를 닦아낸 후에 이를 꼼꼼히 닦아줬다. 마치 양치

질은 이렇게 해야 원칙이라고 본을 보여주는 듯했다. 이 닦기를 마치고 양칫물로 입안을 헹궈내니 더없이 청량했다. 매번 스스로 하던 일을 다른 사람에게 도움받으니 더욱 개운한 느낌도 들었다. 남이 차려 준 밥이 더 맛있다고 하는 이치와 비슷하다고나 할까. 입안에서 혀를 한 바퀴 굴려보았다. TV 광고라면 이런 때 '뽀드득' 소리를 입혔을 거라고 상상하는데 의사가 다가왔다.

40대 중 후반으로 보이는 여의사는 연한 파란색 가운을 입었고 위생 장갑을 장착했다. 머리에는 가운 색과 같은 비닐 모자를 썼다. 안경에 마스크, 그 위에 또 투명 플라스틱 안면보호 마스크를 덮어썼다. 흑사병이 창궐했을 때 의사들이 썼나던 황당한 새 부리 마스크와는 달랐지만, 완전 무장을 하고 환자를 대하는 모습은 예나 지금이나 다를 바 없었다. 그는 각종 기구가 갖춰진 진료 테이블을 끌어당기며 의자에 턱 자리 잡고 앉았다. 체격이 큰 점도 있었지만, 풍기는 아우라가 흡사 전투에 임하는 장수 같았다. 그는 가까이 다가와 내 의자를 눕혔다. 그리고 지금부터는 자기를 탐색하지 말라 경고하듯이 초록색 보자기로 내 얼굴을 가리며 말했다.

"어머니, 괜찮으셨어요?" 두 달만의 안부다.

"예. 그런데 오른쪽 위 어금니의 잇몸이 부은 적 있었어요."

"그러셨어요? 제가 볼게요."

그가 내 잇속을 살피더니 곧장 말했다.

"어머니, 이 뿌리가 부러졌네요."

치아 뿌리가 부러졌다? 담담했던 기분이 갑자기 지하로 곤두박질쳤다. 의사는 내 심기와 상관없이 인턴인지 간호사인지 모를 스태프와 대화를 이어갔다.

"보세요. 뿌리가 부러진 거야. 충치면 치아 색이 갈색이거든? 근데 이 경우는 회색이잖아?"

어떤 상태인지를 공유하거나 예후를 전수해주는 것 같았다. 곁에 있는 사람은 거의 "네, 네."라고 대답하거나 수긍하는 정도였다.

그것은 마스크 때문이었던지 환자에게 잘 들리지 않게 하려 했는지 어눌한 복화술같이 들렸지만, 더 강렬한 파장으로 전달되었다. "변죽을 치면 복판이 울고, 기둥을 치면 대들보가 떤다."라지 않던가. 거기다 "어머니, 임플란트하셔야 할지 모르겠어요."라고 듣는 순간 불편한 마음이 다른 곳으로 튕기기까지 했다.

'의사 양반, 내가 왜 그쪽 어머니야? 말끝마다 어머니, 어머니라니요. 언니는 못 되더라도 뭐 다르게 호명할 수는 없나요?'라고 속으로 항변했다. 그건 사실 그냥 해본 소리지, 내가 그 입장이어도 별 뾰족한 호칭이 없기는 했다. 환자님? 고객님? 선생님? 내가 종종 또는 수없이 들어온 대명사들로 이제는 그만 들어도 괜찮은 호칭들이었다. 그렇다면 사장님? 이 또한 헛이름이다. '아무개 씨'라고 환자 이름을 부른대도 딱히 어울리지 않았다.

그렇게 뚱딴지같이 생각하는 동안에도 의사와 스태프는 대화를 이어갔다. "오래전에 손상된 치아였어요. 그동안 잘 쓰셨는데…."

그랬다. 이 치아는 둘째 출산 전후 어느 날에 맥없이 툭 떨어져 나갔다. 무슨 과자부스러기처럼 허망하게 달아났다. 왜 그랬을까 이유를 몰랐다가 『탈무드』에서 「어머니의 뼈」라는 글을 읽고 아하, 나도 어미가 되느라 그랬겠구나, 싶을 때가 있었다.

랍비와 제자들이 길을 가다가 뼈 무더기를 발견했다. 스승이 물었다. 너희 중에 저 무더기 속에서 어머니의 뼈를 고를 수 있겠느냐고. 제자들은 여러 의견을 냈지만, 결국 찾아내지 못했다. 그때 랍비가 뼈다귀 하나를 골라냈다. 그리고 말했다. 어머니는 자녀를 잉태해서 낳을 때까지 자양분을 아이에게 전달한다. 심지어 뼛속 진기까지 다 빼내 준다. 그래서 어머니의 뼈에는 구멍이 숭숭 뚫려 있고 색깔마저 거무튀튀하다고 했다.

치아도 뼈의 성분과 같다면 그럴 수 있겠다고 수긍하며 상한 이를 치료받았다. 세월이 흘러 잊을 만한 때에 보정 근처에 충치가 생겨 재치료했고 오늘에 이르렀다. 그러니 오래 잘 썼다는 의견이 과언은 아니다. 중간에 바꾼 병원이 이곳으로 어언 10년 넘는 세월이 흘렀다. 처음 방문했을 적에도 어금니를 뽑아야 할지 모른다고 했는데 지금까지 무탈했다. 최근에 특별한 전조가 없었는데도 잇몸이 부었다 가라앉기를 몇 번 반복했다.

지금 발치하고 대처한다고 해도 억울하거나 아쉬울 건 없다. 이것이 인생의 가을로 가는 길목이고 변하지 않는 원칙일 것이어서 스스로 기운을 자꾸 추슬러 보았다. 하지만 살기 위해서 일련의 과정을 견뎌야 한다는 게 딱히 유쾌하지도 않다. 살짝 심통도 났다. 요즘은 치아 보정의 기술이 좋아졌다고는 하지만 턱뼈에 뿌리를 대신할 인공 대체물을 심고 지주대를 세우고 가공 치아를 만들어 씌우는 과정을 겪을 일에 마음이 무거웠다.

그런 내 마음을 알았던지 의사는 잇몸을 부분 마취하고 치료한 후에 항생제와 소염제를 처방했다. 그리고 당장 임플란트하자고 하지는 않았다.

"어머니, 이 약 꼭 챙겨 드시고요. 경과 보시게요. 이 뿌리는 한 번 부러지면 붙지 않아요. 잘 관리하시고 두 달 후에 뵐게요. 그 전에 이상 있으면 방문하시고요."

떨어진 은행알을 피하면서 걷는데 옆에서 남편이 거든다.

"걱정하지 마. 임플란트하게 되면 하는 거지. 요즘은 정부에서 비용도 조금 지원해 준다고 해."

나와는 또 다른 염려를 하고 있었다니 피식 웃음이 났다.

새콤달콤한 품앗이

목욕 바구니를 정리했다. 가끔 대중탕에 갈 때 들고 다녔던 바구니로 낡고 빛이 바랬다. 욕실 선반에 얹혀 졸고 있은 지 2년이 넘었다. 이제나저제나 코로나19가 종식되면 잠을 깨우고 숨을 틔워주리라 했는데 그날이 언제일지 기약하기 어려운 상황이 되었다. 먼지라도 털어내고 내용물을 확인하려 살펴보다가 거꾸로 세워진 조그만 플라스틱 빈 병을 발견했다. 분리 수거통에 획 던져넣으려다가 불현듯 이 용기를 손에 쥐던 날의 기억이 되살아 멈추었다.

맵싸한 겨울바람이 부는 날이었다. 이런 날은 만사 제치고 동네 목욕탕에 갔다. 긴장된 심신을 위로하는데 어떤 특효약이나 명약보다 신통했다. 샤워를 마치고 냉온욕을 하려 머리에 수건을 감싸는 중이었다. 등 뒤 어디선가 "저, 젊은 양반!" 하고 조심스럽게 부르는 소리가 들렸다. 스스로 젊은 양반 기준을 이미 초과 달성했다고 여겼으므로 선뜻 반응하지 않았다. 그런데 "젊은 양반, 나랑 등 밀지 않으실라우?"라는 말이 다시 귓가를 스쳤다.

그제야 뒤를 돌아보았다. 너무도 진중하게 제안한 사람은 칠십 중반쯤 되어 보이는 뽀얀 속살의 여인이었다. 그이가 젊은 양반이라고 부른 건 가장 가까이에 있던 나를 가리켰음이었다. 알아차린 순간 이 제안이 참 반가웠다. 요즘은 지적 수준이 높아지고 물질만능주의가 팽배하면서 오히려 자존감은 낮아지고 친밀함에 대한 불안감이 높아졌을지 모르는 사람에게 등을 같이 밀자고 하기에 참으로 조심스러운 시대가 되었다. 스스로 해결하기 어려운 부분임에도 세신사에게 부탁하거나 혼자 허우적대고 말지, 서로 돕자 선뜻 입을 떼지 않는다. 불편한 내면을 드러내는 데 서툴고 옛날 풍습 따위는 잊고 있었는데 함께하자는 그 말이 등을 닦기도 전에 청량감을 주었다.

한 가지 난감한 문제는 내가 등을 밀기까지는 적어도 30분 이상 1시간 후의 일이었다. 몇 번인가 냉 · 온탕을 번갈아 들락거리고 고온 사우나를 두어 번 다녀올 예정이었다. 그런 다음 상호작용이 가능할 텐데 그때까지 남아 있으라고 할 수가 없어서였다. "저는 이제 막 왔는걸요. 등을 닦으려면 1시간은 있어야 해요."라고 말하자 "내가 기다릴게요."라는 대답이 돌아왔다. 속내로는 다소 불편하기도 했다. 하지만 이렇게 제안할 때까지의 심정이 어땠을까. 망설였거나 같이할 사람을 물색했을 텐데 그 마음을 헤아려보니 거절할 도리가 없었다.

"그럼 먼저 도와 드릴게요. 그리고 저는 등을 밀기까지 시간이 걸리니까 다른 방법으로 해결할게요." 자그마한 체구에 상냥한 이미지의 여인은 내 의견을 받아들였다. 나는 도움을 못 받아도 도울 수 있어서 흔쾌했다. 세신이 끝난 후 극구 기다린다는 걸 그러지 않아도 된다고 말렸다.

그 후 나는 온탕에 침잠하였다가 반신욕으로 바꿨다. 냉탕과 온탕을 오가며 마음은 어린 시절의 고향 마을에 가 있었다. 일손이 부족할 때 이웃끼리 주고받던 품앗이 풍속이 떠올랐다. 농번기에나 애경사 때 상부상조의 미덕이었는데 세상의 변화에 따라 풍속도 변했다. '상생(Win-Win)'이라거나 'Give and Take', 아니면 제 몫은 제가 계산하는 '더치페이'가 유행이다. 세련되고 깔끔한 셈법이지만, 어딘지 모르게 익숙하지 않고 인정스럽지는 않다.

품앗이는 주로 봄철 모내기와 김매기, 여름의 보리타작, 가을엔 벼 베기와 타작하기 등에서 이뤄졌다. 모내기할 때는 새벽에 일찌거니 못자리 논에 가서 모를 쪘다. 그러면 논 주인집은 아침밥부터 내었다. 새참과 점심밥도 준비했다. 호랑이콩을 섞은 쌀밥에 머위 들깨탕이 그득하게 담아졌다. 밥상 대신 광주리를 엎어놓고 상을 차려 애 · 어른 할 것 없이 그때나마 배불리 먹고 일했던 시절이었다. 못줄을 잡던 아재비가 "어이!"라고 힘차게 외치면 반대편에서

"어이!"라고 힘을 실어 화답하던 소리가 풍년가처럼 하늘가에 퍼졌다. 모잽이는 그 순간 잠시 허리를 폈다가 다시 모를 꽂았다.

연둣빛 나뭇잎들이 일렁거리고 부모를 따라온 아이들은 밥때를 기다리며 도랑물 속에서 가재를 잡았다. 들판 경계 어디쯤에서 피어났던 달큰한 찔레 향기가 기억 속에서 날아와 온탕 수증기에 엮혀 몽실몽실 피어올랐다.

가을에 벼를 벨 때도 품앗이는 이루어졌다. 낟알 한 톨도 허실되지 않게 소중히 여겼다. 그래서 학생 봉사활동에 보리 베는 일은 부탁해도 벼 베는 일은 절대 시키지 않는다는 말이 있을 정도였다. 어른들은 벼를 베고 아이들은 논 주위에서 뛰어놀거나 메뚜기를 잡았다.

봄날 모내기 밥상에 머위탕이 있었다면 가을 벼 베기 들판에는 갈치조림이 있었다. 바다가 먼 내 고향은 생선이라는 게 모두 간을 한 상태였다. 그런데도 그때 그 갈치조림의 기억은 지금도 남아 있다. 맛을 내는 비법이 따로 있지도 않았다. 그렇게 말하면 저승에 계신 어머니가 노여워할지 모르니 장맛과 손맛이 일품이었다고 해 두겠다. 그리고 맛이 들기 시작한 김장 무와 갈치의 조화라고 하겠다.

조림은 무를 큼직하고 두툼하게 썰어 먼저 안쳤다. 그 위에 갈치 토막을 얹고 양념장을 끼얹었다. 양념장은 고춧가루와 마늘, 간장을 섞었다. 된장도 아주 조금 걸러서 넣었다. 따로 육수를 내거나 하지도 않았다. 물을 잘박잘박하게 붓고 큰 솥에서 뭉근하게 끓이면 얼마 후 자작하게 졸여졌다. 그 갈치 살점의 비릿함과 잘 익어 향긋한 무의 식감이 가을의 진수珍羞로 내게 남았다.

갈치 비린내가 목욕탕에 번지기 전에 일련의 과정을 마쳤다. 때 빼고 광까지 냈다고 해야 하나? 나에게 젊은 양반이라고 호칭했던 여인은 가고 없었다. 돌아갈 채비를 하려고 바구니 속 물품들을 하나씩 들어내 샤워기로 씻었다. 대충 물기를 닦아 다시 제자리에 담았다. 그러다 바구니 속에서 100ml 짜리 플라스틱 야쿠르트 병을 발견했다. 주위를 둘러봐도 넣어놓을 만한 사람이 없었다. 분명 속살 뽀얀 여인이 품앗이의 대가로 남겨 놓았음을 직감하였다. 그냥 가도 되었을 텐데 새콤달콤한 한 모금 인정의 맛을 기어이 안겨주었다. 하지만 그 여운이 가을 들판처럼 크게 다가와 야쿠르트가 담겼던 작은 빈 병을 깨끗이 씻어 바구니에 간직했다.

제2부

소소한 날들의 초상肖像

AI를 청소하다

내가 깔끔이라고 별명 붙여 준 로봇청소기가 말했다. "청소가 끝났습니다. 충전기로 복귀합니다." 마치 자기 할 일은 끝났으니 이젠 당신 차례라고 명령하는 것 같다. 스마트폰 앱 화면에서 일시정지 버튼을 누른다. 두 개의 더듬이를 휘두르며 집으로 돌아가던 청소기가 그 자리에 멈춰 선다. 청소기에서 물걸레 통을 분리해 내면서 어느 날 다섯째 형님 집에서 보았던 광경을 떠올려 본다.

그날은 형님 집 근처 야산을 등산하고 형님 집에서 점심밥을 먹기로 했다. 산행을 마치고 집 안으로 들어가니 거실과 주방 사이 경계를 여러 개의 쿠션으로 막아놓았다. 어린 시절 개울이나 물 빠진 방죽에서 고기잡이할 때 쌓았던 둑이 떠올라 웃음이 났다. 왜 이렇게 했냐고 묻자 형님은 대답 대신 여기저기를 두리번거렸다. 그러다가 "얘가 어디 갔지? 이상한 일이네. 예쁜아, 어디 있니?"라며 식탁 밑이랑 이곳저곳을 두리번거렸다.

형님이 찾았던 건 예쁜이라는 별명의 로봇 물걸레 청소기였다. 자주 만나는 모임에서 모아 두었던 회비로 사서 하나씩 나눴단다. 코로나19를 잘 견딘 위로의 상품이기도 하다는데 온 집안을 말끔하게 닦아주는 신박한 물건이라고 구매했단다. 그런데 사용 방법을 제대로 숙지하지 못해서였던지 기능의 한계였던지 주행 노선이 약속과 다름을 발견했다. 전체 방을 닦아 주지 않고 일부 코스만 왔다갔다했다. 그래서 그날은 주방과 안쪽 방만 닦으라고 집을 나서기 전에 쿠션으로 담을 만들어 두었는데 그 안에 멈춰 있어야 했을 예쁜이가 사라졌다.

형님과 나는 점심상을 차리면서 예쁜이의 탈출 경로를 찾았다. 아무리 낮은 버전의 인공지능이라도 영리한 점이 있음도 알았다. 답은 쿠션으로 막은 끝부분에 있었는데 그 끝은 거실 장식장 발과 맞닿았다. 장식장에는 4개의 발이 달렸고 발의 높이는 어림짐작으로도 큰손 한 뼘 이상이었다. 쿠션 쪽 발과 벽 쪽 발 사이에는 로봇이 지나가고도 남을 공간이 있었다. 청소기는 주인의 바람대로 주방 바닥과 안쪽 방을 다 닦고 나서 장식장 발과 발 사이를 통해 다음 일터로 빠져나갔다. 그런 다음 로봇이 인식한 현관 쪽의 방에 멈춰 있었다.

로봇 물걸레 청소기는 둥근 삼각형 모양으로 동그란 3개의 발을 가졌다. 그 발에 극세사 걸레를 덧신처럼 신고 임무를 수행했다. 터치만 해 두면 사람이 있으나 없으나 저 혼자 돌고 돌았다. 우렁각시 같은 세 발 각시였다. 탁월한 수행 능력은 아닐지라도 실물을 보고 나니 나도 하나 장만하고 싶은 마음으로 솔깃했다. 견물생심의 콩깍지가 씌었을까. 일손을 덜 수 있다는 유혹에 금방이라도 구매하고 싶은 충동심리가 일었다. 집에 돌아가자마자 저지를 각오로 상품 이름과 모델명, 제조회사를 스마트폰 메모장에 기록하고 사진도 찍었다.

하지만 간사한 것이 사람 마음이었을지 귀가해서는 언제 그랬냐는 듯 망설였다. 오래전에 딸아이 친구가 이사 가면서 버리기 아깝다고 주고 간 로봇청소기가 환기되기도 했다. 낡아서였던지 흡입력이 별로였고 힘없이 빌빌거리기만 해서 분리수거함에 내다 놓았다. 또 예쁜이의 주행 노선이 불분명하다는 점도 걸렸다. 인공지능이 설계된 전자제품은 늦게 살수록 기능이 향상되고 가격이 저렴해진다는 사실도 지름신神의 강림을 주춤하게 하였다.

결국 "그래, 샀다 치자. 있다 치자."라면서 마음을 추스를 즈음 현관 문밖에 택배 상자 하나가 도착했다. 아들이 보낸 거였다. 이심전심이었을까. 열어보니 이중 박스 포장 안에 로봇청소기가 들어있었다. 어릴 때 바지 두 개 사주겠다고 하면 낭비라고 울먹일 정도였던 아이가 자라서 수십만 원도 더 넘을 물건을 덥석 안겼다.

자녀에게 절대로 의지하지 않겠다던 자존심은 어디로 가고 마음을 헤아려 준 누군가가 있다는 점에 속없이 기뻤다. 내 노고를 대신해 주고 얼마간 자유로울 수 있을 상상에 부담감 같은 건 잠시 접었다.

아들이 보낸 선물은 형님의 예쁜이와 차원이 달랐다. 그래봤자 청소기지, 라고 하면 할말은 없지만 우선 몸값이 차이가 있을 것이었다. 스마트폰에 앱을 깐 후 회원으로 가입하면 폰 화면에서 청소기 제어가 가능했다. 최초로 전원을 켜면 레이저 센서가 발동하여 집안을 맵핑했다. 스스로 주변 환경을 스캔하여 청소 구역을 스마트폰 화면에 나타냈다. 지그재그 방식으로 경로를 정해 청소하고 끝나면 충전기로 알아서 돌아간다. 자율주행의 현실을 방안에서 체감할 수 있다.

청소 구역은 집안 전체로 설정하거나 안방, 거실 등을 따로 정할 수 있다. 접근 금지 영역을 지정할 수 있어서 형님의 쿠션 바리케이드 같은 건 세울 필요도 없다. 청소기가 지나간 자리가 앱 화면에 선형의 지도로 나타나 청소 상태를 눈으로 볼 수 있고 그 이력은 그대로 저장된다.

먼지 통과 물통을 번갈아 끼워 쓸고 닦는 두 가지 기능을 수행한다. 중요한 건 흡입력과 물걸레의 압력이다. 깔끔이의 흡입력은 이제껏 사용한 제품에 비해 믿을 만했다. 먼지 통은 미세 먼지를 잠재울 헤파필터를 사용했다. 지금까지 사람들에게 물걸레 청소기는 닦으나 마나라는 인식이 있었다면 깔끔이의 압력은 그 불신도 만회시켰다. 센서와 흡입력, 물걸레 압력, 미세 먼지 필터 등이 모두 안도감을 주었다. "청소하는 시간을 즐거움과 행복의 시간으로 바꾸는 것을 목표이자 사명으로 하고 있다."라는 업체 대표의 복사본 손 편지도 그럴싸했다. 고도의 마케팅 전략일지라도 그 메시지가 인간의 마음을 읽고 있음이었다.

이렇듯 로봇청소기의 진화 말고도 요즈음은 인공지능 시대라고 한다. 바둑 중계방송을 보면 그 세계는 거의 AI가 주도하는 것 같다. 특히 코로나19 이후에 다양한 배달 로봇도 성행하고 있다. 소설과 수필을 쓰는 로봇이 있거나 개발 중이라고도 들었나. 의술이나 법률도 인간을 능가하는 인공지능 시대가 될 거란다. 어쩌면 미래의 청소기는 "게으른 집사님, 집이 너무 더럽습니다. 청소할 시간이니 버튼을 눌러주세요."라고 거꾸로 명령할지도 모를 일이다. 세간에는 인공지능 때문에 인간이 설자리가 없어진다며 회의적이기도 하다. 맞기도 하고 다르기도 하다.

언젠가 방송에서 미국의 커피 배달 로봇을 본 적 있다. 배달하는 과정에 울퉁불퉁한 길을 지나느라 커피가 엎질러진 채로였다. 예정보다 도착도 늦었다. 어떤 상황에서도 정해진 시각에 커피가 온전히 전달된다면 그때는 인간을 능가한다고 보겠지만 아직 그렇지는 않다. 또 깔끔이가 아무리 청소를 완벽하게 한다 해도 자기 부속품까지 청소해 내지는 못한다.

충전기로 돌아가기 전 청소기를 일시 정지시킨 이유가 여기에 있다. 머리카락이나 동물의 털 등이 미처 먼지 통으로 흡입되지 못하고 롤러에 감겨있거나 사이사이에 끼었다. 바퀴와 더듬이도 오염되었다. 다음 작업을 위하여 이것들을 손봐 두는 게 좋다. 먼지 통에 모인 쓰레기를 털어내고 수동 청소기로 남은 먼지를 흡입시킨다. 젖은 티슈로 미세 먼지를 잘 닦아낸다. 아주아주 하찮은 일이지만, 이렇게 섬세한 일은 인간만이 할 수 있다.

그런 점에서 AI가 아무리 발달한다 해도 지레 실망할 필요는 없다. 19세기 초반 영국에 산업사회가 도래했을 때 러다이트Luddite 운동으로 엄청 혼란했지만, 인류는 극복해낸 이력이 있다. 인공지능 시대에도 사람이 해야 할 역할과 영역이 줄어들거나 좁아질 수는 있겠지만 새로운 일들이 또 생겨날 것을 기대하며 나는 기꺼이 AI가 장착된 청소기를 청소한다.

모처럼 예쁜이의 주인인 형님이 우리 집을 방문했다. 마침 거실에서 열일하고 있던 깔끔이를 보고는 "잘못했어. 나도 좀더 정보를 찾아보고 기다렸다가 깔끔이로 살걸. 늦게 살수록 더 좋은 물건을 만날 수 있다는 걸 새삼 느끼네."

나뭇잎 비행기

8월이 이글거렸다. 이 무렵 태양은 염소 뿔도 녹인다는 말을 실감할 정도였다. 그 열기를 참나무 숲이 온통 막아내고 있었다. 나뭇잎 사이로 굴절된 햇빛은 희미한 조명등 빛처럼 길바닥에 어른거렸다. 그 어른거리는 숲길을 활주로 삼아 공중에서 '팽그르르' 돌아 천천히 착륙하는 비행물체가 있었다.

허공을 맴돌아 내려앉은 물체는 짧게 잘린 도토리나무 가지였다. 가지에 달린 생생한 초록색 잎은 눈을 부릅뜨고 있는 것 같았다. 어제나 그제 바닥에 닿아 누렇게 뜨거나 말라가는 축도 있었다. 절단된 나뭇가지는 웬만큼 규칙적이었다. 줄기 맨 끝의 여린 가지가 끊겼고 이파리는 4장 이상 7, 8장이 붙은 것도 눈에 띄었다. 중심에는 도토리 1개가 달렸는데 가끔 2개짜리도 있었다.

이 숲을 오가기 이태쯤 되었다. 첫해는 그런 상황을 고개만 갸웃거리고 지나갔다. 해가 바뀌어 다시 접하니 궁금증이 도졌고 은근히 걱정도 되었다. 저렇게 잎과 가지가 손상되다 보면 나무가 죽지는 않을까? 나비효과라도 일어나 숲, 또는 생태계에 악영향을 끼치지 않을까? 별별 상상이 오락가락했다.

궁하면 뚫린다고 나뭇잎 비행체를 만든 건 아주 작은 곤충이라는 걸 알았다. 1cm 정도의 크기이고 긴 주둥이가 거위를 닮았다 하여 이름이 거위벌레였다. 사진으로만 본 벌레는 얼핏 쌀을 파먹고 사는 바구미 같았다.

이 곤충은 겨우내 땅속 집에서 산다. 봄이 되면 지상으로 나와 도토리나무 위로 올라간다. 풋도토리가 열리기 시작할 때 도토리에 굴을 뚫는다. 긴 주둥이로 깍지 근처 연한 껍질을 공략한다. 구멍을 다 파면 그 속에 산란관을 들이밀고 알을 깐다. 부화한 애벌레는 도토리 속을 집 삼아, 살점을 먹이로 살아간다.

7~8월이 되면 어미는 새끼벌레를 옮기려 채비한다. 과육이 단단해지고 떫은맛이 생기기 전 새끼가 사는 도토리 열매 주변 가지를 주둥이로 자른다. 부드럽고 맛있는 먹이를 장착해서 땅으로 돌려보낼 나뭇잎 비행기를 제작하는 것이다.

여러 개의 이파리는 공기의 저항으로 서서히 낙하한다. 덕분에 새끼벌레는 바닥으로 떨어질 때 충격을 느끼지 않고 무사히 착륙할 수 있다. 또 비행기 날개 같은 잎사귀들은 아기 벌레가 다 자랄

때까지 광합성 작용을 할 수 있어 도토리의 영양분이 유충에 전달되게 한다. 충분히 자라면 겨울이 오기 전 땅속으로 안전하게 들어간다. 이 모든 작업은 어미가 주도하고 아비 벌레는 정자를 주는 일이나 어미벌레 곁을 지키는 일 등을 한다.

곤충의 한살이를 살피면서 처음에 내가 우려했던 점과 다르게 어미벌레의 행위에 귀착했다. 이것은 사랑일까, 생존본능일까? 마치 침팬지가 그린 그림이 예술일까 아닐까 고민하는 것과 같을까. 그래, 한낱 벌레에게 거룩한 모성애를 부여하는 건 과한 비약이라 치자. 꾀돌이라는 섣부른 말은 하지 말자. 바나나를 보상받기 위해 침팬지가 그린 그림은 예술이 아니라고 하자. 그렇더라도 본능에서 비롯한 어미의 역할이 막돼먹은 인간보다 지혜로울 수 있음에 마음이 숙연해졌다. 어쩌면 지구 해악의 원인 제공자는 인간일 수 있는데 공존하는 벌레를 향해 숲을 헤치는 빌런이거나 해충이라고 단정했다니. 좀스러웠던 사고가 절절 끓는 한여름 열기에 덴 것 같이 화끈거렸다.

강아지 소동

연수를 마치고 집에 돌아왔다. 도 교육청에서 주관한 중등 교감 역량 강화 연수였다. 연수에 참석하지 않았다면 이 시각 학교에서 방과후 근무 중일 것이다. 방과후 근무는 고등학교 교감으로 부임하면서 거의 일상이 되었다. 끝나는 시각이 저녁 10시여서 해거름에 퇴근했던 적이 언제였던지 잠깐 멍한 상태로 돌아보았다. 갑자기 무주공산 같은 마음의 여백이 찾아왔다. 직장과 가족에게서 분리된 예상치 않은 자투리 시간이 생겼다. 홀가분하면서도 뭔가 익숙하지 않은 헛헛함이 교차하였다. 그렇다면 오랜만에 '강아지랑 산책하러 갈까?' 묘안처럼 떠올랐다.

간편한 복장을 갖추고 나갈 준비를 하였다. 영리한 강아지 메롱이는 내가 자기와 나갈 것을 벌써 알아차렸다. 밖으로 나가는 것이 매우 신난다는 듯 요란한 퍼포먼스 한판을 벌였다. 거실에서 현관 쪽으로 펄쩍펄쩍 뛰어오르다가 핑그르르 맴을 돌기도 하였다. 꼬리가 끊어질 듯 격렬하게 흔들며 외출을 환영하는 세리머니를 하였다. 하얗고 풍성한 꼬리털이 풍물패 상모에 붙은 부포가 산들바람에 나부끼는 것 같았다. 그뿐만 아니었다. 성견이 다 되었다는 듯 뱃심 좋게 우렁우렁 짖기도 하였다. 평소에는 거의 짖지 않아서 장애가 있나? 하고 의심했던 적도 있었는데 기우였다. 콧바람을 '쉉쉉' 불며 어서 나가자고 보챘다. 그런가 하면 아주 작은 목소리로 어리광을 부리듯 들떠 '앵앵' 소리를 냈다.

겨우 달래듯 진정시켜 목줄을 채우고 집을 나섰다. 엘리베이터 안에서였다. 웬일인지 안아달라는 신호를 보내듯 내 눈을 올려다보았다. 드문 일이었다. 안고 보니 7~8kg은 됨직한 무게감이 느껴졌다. 컨디션이 좋지 않나 생각했는데 밖으로 나가니까 일없다는 듯 잘 걸었다. 모처럼 함께 나가니 표현하고 싶은 것들을 다 드러내는 것 같았다. 화단 가 쥐똥나무 울타리 밑에서 영역 표시도 빼먹지 않았다.

우리는 아파트 단지 내를 기분 좋게 걸었다. 꼬리에 부포를 매단 견공은 무엇이 좋은지 촐랑촐랑 앞서 걷다가 되돌아와서 기다렸다 어서 따라오라는 듯 다시 걸었다. 털들을 몽글게 깎아 몽실몽실한 뒤태가 뒤뚱뒤뚱하거나 걸어갈 때마다 씰룩씰룩 의기양양하였다. 빠르고 경쾌한 비트의 리듬이 눈앞에서 움직이고 있다.

아파트 단지 내 대추나무에는 대추가 울툭불툭 커가고 있었다. 산책하던 주민들이 맛보기로 하나둘씩 따갔는지 나무의 중간 위로만 불긋불긋하였다. 그래도 다가오는 가을을 느끼게 할 만큼 상당수 달려 있었다. 대봉감은 별 재미가 없어 보였다. 올여름 폭서 때문이었는지 익기도 전에 많이 곯아서 떨어져 버린 것 같았다. 나무 꼭대기 부분에 몇 개씩만 끄트머리가 주황빛으로 익기 시작했다.

이런저런 생각을 하면서 좁은 아파트 단지나마 산책을 마치고 집으로 돌아오는 중이었다. 옆 통로에서 물개처럼 생긴 미끈하고 까만 생물체가 출몰하였다. 자세히 보니 다리가 짧고 몸체가 긴 닥스훈트종의 강아지였다. 아주 다부지고 몸놀림이 민첩했다. 귀는 양옆으로 늘어져 나풀거렸고, 얼핏 보아 6~7kg 정도는 되어 보였다. 매끈하기도 하고 탄탄하게도 보였다. 그 강아지는 아파트 현관을 빠져나와 메롱이를 향해 쏜살같이 돌진하였다. 마치 사냥감을 발견한 매의 활강이라고 해야 할까? 격한 반가움의 표시일 것 같았는데 메롱이는 자신을 공격한다고 여겨 혼비백산하였다. 놀란 나머지 왔던 길로 인정사정없이 내달렸다.

순식간에 놀라 당황한 나도 필사적으로 따라 뛰면서 목줄을 잡아당겼다. 그러나 허사였다. 조그만 강아지의 어디에서 그런 힘이 났는지 초능력이 일어난 것 같았다. 아차 하는 순간 목줄을 잡고 있던 내 왼손 두 번째 손가락과 세 번째 손가락 사이에 따가운 통증이 느껴졌다. 불에 댄 것 같기도 했다. '아, 이게 아닌데? 줄을 놔야 하나? 더 당겨야 하나?' 하고 갈등하는 찰나 어떻게 했는지 메롱이는 목줄 밖으로 머리통을 뺀 후 달아났다. 그 기름기 느글거리듯 멀쑥한 강아지도 계속 달려 메롱이 쪽으로 다가가고 있었다.

미끈한 강아지를 앞세우고 느긋하게 따라 나오던 주인 여자에게 나는 다급하게 소리쳤다. "댁의 강아지 좀 제지시키세욧!" 하지만 그녀는 태연했다. 남의 강아지가 놀라 줄행랑을 치든 말든 느릿느릿 걸어 나와 손에 든 목줄을 흔들며 말했다. "개는 항문에 대고 냄새를 맡으며 인사한대요. 저 애를 아니까 천천히 온 거예요. 사냥개예요." 하고 동문서답이었다. "인사하는 것이지 물거나 하지는 않아요." 묻지도 않은 말까지 한술 더 떴다.

놀라서 정신 못 차리고 내달리는 강아지의 모습과 목줄에 손가락이 잘릴 뻔한 상황을 보고도 자기 할말만 하는 사람을 보니 이웃이라기보다 야속했다. 울컥한 마음에 번드르르 잘생긴 개도 밉고 주인 여자는 더욱 꼴사나워 보였다. 하여 뒤에다 대고 괜한 공염불만 흩뿌렸다. "목줄 채워서 데리고 나오세요."

한동안 집 반대 방향으로 마구 내달리던 우리 집 강아지는 무슨 깨달음이 있었는지 휙 돌아서 나에게로 달려왔다. 가슴팍으로 뛰어올라 네 발을 사정없이 버둥거려 저으며 어깨 위까지 기어올랐다. 심장이 터질 듯 쿵쾅거렸고 숨은 이루 말할 수 없이 거칠었다.

평소에 "엄마는 혼자 개 데리고 나가지 마세요."라고 했던 딸아이 말을 귓전에서 날렸다가 난감하기 이를 데 없는 소동을 경험하였다.

설마 강아지 한 마리쯤 감당할 수 없을까 했는데 절체절명의 순간이라고 판단한 때 발휘되던 괴력은 내 오만했던 사고에 경종을 울렸다.

딸아이 덕분에 어쩌다 우리 집에 오게 된 포메라니안 강아지는 전체적으로 크림색인데 등허리 부분의 황금빛 털이 돋보이는 강아지이다. 사람도 살기 어려운데 강아지까지 데리고 왔다고 딸아이를 나무라기도 했는데 이럭저럭 함께 산 지 벌써 5년이 되었다.

어려서부터 사람과 함께 살아서인지 사람에게는 엄청 친화력이 좋다. 그런데 걷다가 길고양이만 봐도 엉덩이를 뒤로 빼고, 비둘기만 내려앉아도 발걸음을 멈추었다. 저보다 작은 강아지가 반갑다고 "앙앙"대도 네 다리를 땅에 꽂듯이 버티며 절대 나아가지 않는다. 사회성을 원활하게 기르지 못한 소심한 견공 앞에 나타난 검은 슈트 차림의 잘난 이웃은 공포의 대상일 뿐이었을지 모른다.

집에 돌아온 메롱이는 평정심을 되찾았는지 잠이 들었다. 엉겁결에 일어난 소동에 민첩하게 대처하지 못하고 역정만 낸 소심한 나를 살펴본다. 인간은 결국 자기 중심으로 살아간다는 걸 창졸간에 망각했던 것 같다. 이웃집 여인과 강아지 탓은 잊고 우리 집 강아지의 삶에 주목해 보아야겠다. 목줄 장비를 안전 장구로 마련하자고 딸아이와 상의해야겠다. 마구 달아나다가 되돌아왔기에 망정이지 자동차 길이든 어디든 뛰어서 달아났다면 어찌되었을지 생각만 해도 아찔하다. 목줄에 패인 손가락이 마음만큼이나 욱신욱신 쓰라리다. 만능연고라도 찾아보아야겠다.

고목에 꽃 피던 날

애기똥풀 미술학교에 가려고 집을 나섰다. 그 공방에 가야 구할 수 있는 염색 천이 있어서였다. 시내를 벗어나 춘향로로 접어들었다. 우측 차창 가득히 고덕산의 봄 산빛이 몰려왔다. 저 산밑으로 한벽寒碧터널을 빠져나온 전라선 철길이 지나갔다. 산과 기찻길 사이에는 복숭아 과수원이 야트막하게 펼쳐져 있었다. 지금은 철길 구간이 일부 변경되었는데 과수밭들은 여전했다.

한창인 복숭아꽃밭을 멀찌감치 바라보며 춘향로를 지나자니 17번 국도가 눈앞으로 다가왔다. 저 길을 따라 남원을 거쳐 구례까지 동료 서너 사람과 출퇴근했던 시절이 새삼스럽다. 지나간 모든 것은 그리워지는 것일까? 마음이 1990년대 초 어느 중학교 교무실로 향했다. 고목에도 꽃이 필 수 있음을 보았던 날이었다.

"전주에서 오던 길에 복사꽃 폈습뎌?"

"…."

"복사꽃 피면 서울 갈라우."

"…."

"기차 타고 가야것구만요."

"…."

"마누래 보러 갈라요."

"…."

질문인 듯 혼잣말인 듯 뇌인 사람은 우리의 교감 선생님이었다. 공적인 장소에서 사적 대화는 금기사항쯤으로 여기던 이가 불쑥 던진 꽃 타령은 아이러니였다. 도의적으로 답해야 할 것 같았던 시선들이 허공에서 잠시 부딪혀 소요하다가 이내 잠잠해졌다. 그것은 춘래불사춘이라고나 할까. 아니면 사필귀정이라 해야 맞을 수도 있었다.

언젠가 직원 연수를 다녀오던 버스 안에서였다. 젊은 선생들의 웃음소리가 경망스럽다고 그이는 귀를 틀어막았다. 버스 통로 선반에 걸어 둔 화장지를 뜯어 귀를 막고 입도 닫았다. 버스가 종착지에 다다를 때까지 팔짱을 끼고 눈을 감았는데 땡감 씹은 표정이었다.

아침에 출근하면 학교 안팎을 순시(?)했는데 복도를 지나갈 때는 환기를 해야 한다며 창문을 열어젖혔다. 괘도 지시봉 끝으로 "탕"

소리가 나게 창을 밀었다. 발소리가 들리지 않게 가만가만 걸었지만, '나 여기 있소.'라는 흔적을 남겼다. 구시렁대는 소리가 무슨 경을 읽거나 얄궂은 주문을 외는 것처럼 들렸는데, 모두의 안녕을 기원하거나 덕담을 했던 것이 아니었음은 분명하다.

수업이 시작되기 전에 교사들끼리 차라도 한 잔씩 나눌라치면 몹시 못마땅해했다. 심기를 거스르지 않으려 "커피 한 잔 드릴까요?"라고 조심히 물어보면 "나 커피 그까짓 것 안 먹어요."하고 고개를 외로 꼬았다. 그러다가 크게 생각이라도 한 양 "줄라면 대접으로나 하나 가득 주든지…." 교무실에 대접이 있을 수 없는 상황이어서 농담인지 거절인지 모호했다. 책상 위에 커피 한 잔을 슬며시 올려놓으면 백지로 덮어 놓았다. 그 커피를 마셨는지, 버렸는지는 잘 기억나지 않는다.

어쩌다 간식거리가 생기거나 특별한 행사 끝에 먹을거리를 가져온 이들이 있었다. 웃어른으로 먼저 챙겨주면 "나 그런 거 안 먹어요. 공짜 안 좋아해요."라고 정색했다. 요즘 신세대 교사들이 들으면 "미친 거 아냐?"라고 쌍방을 비아냥댈 수도 있는 웃픈 과거사의 한 장면이다.

일기예보와 다르게 밤새 눈이 내려 사선을 넘듯 지각 출근했던 일이 있었다. 혹시 수업결손이라도 끼칠까 봐 안절부절못하고 있는 우리에게 카키색 와이셔츠의 교감은 가슴에 몹쓸 징을 박아 주었다. "이런 날은 더 일찌거니 출발했어야지."

그의 체구는 왜소했다. 얼굴도 조그마했고 피부는 술과 담배 때문이었던지 거무칙칙했다. 가늘고 작은 눈에 금속 테 안경이 주는 인상은 11월에 부는 시린 바람 같았다. 옹송그린 자세는 늘 소화불량증에라도 걸린 것 같았다. 넥타이와 와이셔츠는 아주아주 어두운 카키색 일색이었는데 때가 끼어도 안 끼어도 그게 그거로 보이는 일종의 보호색이었을지, 취향이었을지.

들리는 말로는 너무나 꼬장꼬장하여 가족들이 함께 살지 못하고 모두 서울로 이사했다고 한다. 누군가는 "가족인들 여북했을까?"라고도 했다.

또 건너 건너 들려온 말을 빌리자면 두뇌가 명석하여 그 옛날에 구례에서 전주로 유학했단다. 당시에 그는 석탄을 때서 움직이는 기차를 타고 콧구멍이 시커멓게 되도록 학교에 오고 갔다. 그 기찻길 옆에 복숭아 과수원이 있고, 이맘때면 복사꽃이 흐드러지게 피었으리라. 아마도 그 시절 빛나던 청춘, 꿈과 야망, 지나간 세월의 낭만이 그리워서였을까. 하여 그 지점을 통과해 출퇴근했던 우리에게 복숭아꽃 소식을 물었던 것일까?

그는 평교사 시절 과학 교사였다. 그래서였는지 유머라고는 "비 온도가 몇 도인지 아요?"정도였다. 아무도 대답하지 않으면 "비가 오도다."라고 혼자 말했다. 썰렁하기 그지없는 아재개그였지만 달리 보면 온도를 물어봤으니 지극히 과학적인 사유의 소유자였을 수 있다. "비가 오도다."를 내리는 것의 의인화로 해석하면 문학적인 사람일 수도 있겠다.

화사한 꽃 소식을 묻던 그 시절, 교육계는 군사문화와 관료주의가 잔존 했다. 민주적인 학사행정보다는 젊은 교사들을 철저한 관리 대상으로 여겼다. 자신의 지식과 경험, 신념과 의지를 내세워 젊은 교사들을 잡도리(?)하는 것이 권위라고 착각했을 수 있다. 그것이 카리스마 넘치는 관리자의 지당한 본분쯤으로 여겼을 수 있었다.

그랬던 사람이 웬일로 복사꽃 피면 서울 가겠다며 그야말로 사사롭거나 연민에 찬 인간적 속내를 드러냈다. 나이테 깊숙이 묻어두었던 외로움의 응어리가 꽃봉오리 부풀 듯 부풀었다가 제풀에 터지기라도 했을까.

미술학교 선생님은 진초록 염색 천을 먹물로 재염색하고 있었다. 염색물에 잠긴 천의 색이 그때 그 교감의 때에 절었는지 아닌지 아리송했던 어두운 셔츠 색과 비슷했다. 그 셔츠의 색에는 영호감이 가지 않았는데 공방 선생님이 물들이는 직물의 색은 원색의 야망을 가라앉히고 삼라만상을 키워 낼 차분한 대지의 품 같은 색상으로 느껴졌다. 사실 셔츠 색과 직물 색의 본질은 같을지도 모르는데 사물 또는 특정 인간을 바라보던 내 상황과 편견이 부정과 긍정 사이를 오고 가면서 차이가 생겼을 수 있다.

돌이켜보면 고목에 꽃 피듯 뜬금없이 환한 질문을 했던 이에게

"네. 지금 철로 주변에 복숭아꽃이 피기 시작했어요. 어서 기차표를 예매하시죠. 주말에 올라가시렵니까?"라고 흔연스럽게 응대하지 못했음에 분홍빛 부끄러움이 돋는다.

괴성의 산울림

야산의 8부 능선쯤이었다. 응원군처럼 싱그러운 바람이 삽상했다. 그 바람에 힘입어 형님과 나는 정상을 향하여 진력했다. 그때 잡힐 듯 가까운 옆 능선에서 괴기스러운 소리가 들렸다.

"꾸웨에에엑!"

자주 다니는 산길이었음에도 그 울림이 섬뜩했다. 주변의 수풀이 아무리 비단결같이 넘실대도 자연의 내막은 모를 일이었다. 더구나 조금 전 숲 바닥에 쌓인 낙엽 더미가 헝클어진 모양을 보고 지나온 터였다. 불규칙했지만 쟁기로 갈아엎은 듯 휘저어진 광경이었다. 분명 배고픈 짐승의 퍼포먼스 한바탕이 벌어졌음이었다.

"저것 보세요. 동물 흔적이에요. 보나 마나 멧돼지겠죠?"

내가 나직하게 소리쳤다.

"그러게. 자네가 그렇다고 하니 그런 것 같네. 말하자면 지금이 짐승들의 보릿고개인 게지." 형님이 숨죽이듯 대답하는 찰나였다.

"우웨에에에엑!"

또다시 몹시 자극적인 소리가 들렸다. 이번에는 영락없이 멧돼지의 절규라고 여겨졌는데 형님이 갑자기 말길을 돌렸다.

"어야, 설마 곰은 아니겠지? 괴이한 폭음이 예사롭지 않네."

곰이라고 하니 그 말도 터무니없지는 않았다. 이 산줄기가 지리산 어느 끝자락 정도이니 길 잃은 반달곰이 내려왔을 추론도 가능했다. 둘은 무섬증 반 설마 반의 심정이 되었다. 기실 곰보다 더 무섭게 다가온 건 멧돼지였다. 곰은 설마였지만 멧돼지는 원인관계가 따르는 공포의 대상이었다. 도둑이 제 발 저린 격이라고 해야 할지, 일종의 부채감이라고 해야 할지. 생각이 부채감에까지 이르니 머리가 띵해지며 속내는 좀더 복잡해졌다. 마치 그 녀석이 네 발과 주둥이로 가랑잎을 뒤진 행태가 우리를 향한 반격 같기도 했다.

작년 가을이었다. 산행하는 발치에 도토리 하나가 툭 떨어졌다. 금방 세상으로 분리된 생명체가 "안녕?" 하면서 인사하는 것처럼 느껴졌다. 나도 모르게 도토리를 주워 올렸다. 갈색으로 윤나는 보석 같았다. 딱딱한 듯 부드러운 질감의 겉껍질을 만지작거리다 숲 속에 휙 던져 놓고 오리라 맘먹었는데 그게 뭐라고 어느새 내 호주머니 안에 들어갔다. 그것은 어린 시절 밤나무 아래 알밤을 줍던 추억과 겹쳤다. 아침 일찍 밤나무 근처에 가면 거인의 눈망울처럼 여기저기 불뚝, 불뚝 밤톨이 떨어져 있었다. 그 가을 아침의 고소하고 달큰한 그리움이 되살았다. 아련한 향수를 떨떠름한 도토리 열매에 기대보려 했을까.

형님과 나는 그것들을 주워 날랐다. 다음 날도 그다음 날도 한 개에서 두 개, 두 개에서 세 개 하다가 한 줌 두 줌이었다가 호주머니 가득 담아 날랐다. 태산을 이룰 만큼은 아니었지만, 티끌을 모은다는 건 이런 것임을 경험했다. 우리가 다닌 길목엔 주로 졸참나무 도토리가 많았다. 사람들은 이런 도토리를 총알 도토리라 했다. 정말 길쭉한 모양새가 총구에 맞춤한 총알 같아 보였다. 같은 졸참나무 열매도 크기나 길이가 다 달랐다. 물론 도토리 키 재기라면 할 말이 없는 정도이기는 하지만.

도토리는 매일 산에 오르면 길가에 몇 줌씩 떨어져 있었다. 굵고 동글동글한 것은 상수리나무나 굴참나무 열매였다. 묵을 쑤었을 때 찰지고 맛있는 건 졸참나무 도토리라고 했다. 바닥에 떨어진 열매들은 얼마 지나지 않아 거의 벌레가 먹거나 썩기 시작했다. 흙에 닿은 부분이 비에 젖으면 곧바로 하얀 뿌리를 내렸다. 도토리는 동물을 위해 주워가면 안 된다고 알고 있지만 이미 겨울이 오기 전에 일어나는 자연의 순환을 바라보면서 썩기 전에 인간이 좀 취해도 괜찮지 않을까 뻔뻔해지기도 했다.

첫 마음에 나는 가을 인사를 나누는 기분으로 도토리를 주웠다.

그다음은 추억이 그리워서라고 포장했다. 그 마음을 조금 지속하다가 눈 내리는 겨울날에 다시 가져다 뿌려 놓으면 그만이라고 위안했다. 유행가 가사처럼 "도토리묵을 싸서 허리춤에" 달아 줄 일도 없는데 나중에는 줍는 행위 자체를 즐기고 있었다. 숲속 어디선가 숲의 정령이나 숨어 있는 눈들이 지켜보는 것 같은 따가움도 느꼈다. 한편으로는 도토리나 탐내는 좀스러운 인간일까 하여 호주머니 속 알갱이들을 일순간에 다 쏟아내고 싶기도 했다. 50억을 퇴직금으로 주고받은 뉴스를 접하거나 세상에 큰 도적들이 시글시글하다는 미디어의 댓글들을 마주하면 작은 열매 몇 개를 주우며 졸아드는 자신의 현 좌표가 한심하기도 했다. 그래서 도토리 줍기는 끝을 맺었다.

내가 이 산을 등산하게 된 것은 형님이 이 근처로 이사 오며 보낸 유혹도 한몫했다.

"어이, 우리 집 근처 계곡에는 비가 많이 오면 작은 폭포가 생긴다네. 함께 가보지 않겠나?"라며 직접 찍은 사진을 메신저로 보내오곤 하였다. 어느 때는 이런 메시지를 보냈다.

"물이 흐르는 계곡은 늘 자연의 ASMR(자율 감각 쾌락 반응)을 들을 수 있어. 그리고 산소 포화도가 달라."

덕분에 지난해 늦여름부터 산행길을 옮겼다. 듣던 바대로 계곡엔 물줄기가 옹달샘 물처럼 항상 흘렀다. 숲길은 주로 흙길이어서 걷는 데 피로감이 덜했다. 산이 주는 느낌이 아늑하고 친근해 또 가고 싶어지는 산이었다. 그렇게 가을과 겨울, 봄 산을 오르며 생강나무 꽃이 노랗게 피던 경치와 진달래가 미소 짓던 날들을 함께했다. 연둣빛 봄날을 보내고 초여름에 접어든 시점이었다. 참나무 잎들은 야들야들하게 피어났고 오리나무는 작년에 맺은 열매가 까맣게 남아 있는 상태에서 새롭게 초록색 방울을 매달았다. 그런 즈음에 짐승이 휘적거린 산비탈 낙엽 밭을 보았고 그 울부짖음 같은 괴성을 들었다. 불현듯 지난 가을날 도토리를 주웠던 일이 가책으로 상기되었다. 법정 스님은 어릴 때 몸이 불편한 엿장수의 엿판에서 엿가락 몇 개를 슬쩍했던 일을 반성하셨는데 나는 말 못하는 짐승의 밥 몇 톨을 주웠던 일을 반성할 일이다.

무섬증이 가시지 않은 상태로 산 정상에 올라 미리 도착해 있던 일행에게 물었다.

"조금 전에 동물의 괴성을 들었나요?"

"소리? 응, 들었어. 근데 그게 왜 동물 소리라고 들은 거야?"

"그렇게 이상한 소리가 동물이 아니면요?"

"에이 아니야. 사람 소리이지. 하긴 괴력의 발성이긴 했어."

아니나 다를까 잠시 후 우리가 오른 옆 능선에서 한 사내가 나타났다. 키가 크고 근육질이 탄탄했다. 구릿빛 피부가 윤나는 강골 체격의 중장년 남자였는데 성난 산짐승에는 감히 견줄 수가 없이 수려했다. 궁금증을 참지 못하는 형님이 생전 처음 보는 상대에게 질문했다.

"저기요, 혹시 올라오시는 도중에 소리지르셨나요?"

"네. 그런데 왜죠?"

남자가 그게 뭐 어떠냐는 듯한 표정으로 대답했다.

이번에는 내가 물었다.

"어떻게 그런 소리를 낼 수 있죠? 우리는 사나운 동물이 나타난 줄 알고 쫄았잖아요."

무례함에 가까웠지만, 놀란 마음이 놓였던지 툭 터놓고 쏘아 묻는데 남자가 답했다.

"저기요, 환장할 것 같은 세상에 그 어디서도 소리지를 곳이 없어요. 그래서 산에 올라올 때마다 끓어오르는 심사를 한 번씩 내뱉습니다."

어처구니없게도 남자는 모처럼 대화 상대를 찾았다는 듯 태연하게 응했다. 그리고 한숨을 몰아쉬며 요즘 특히 중장년 남성이 토로할 곳이 없는 실정이라 했다. 테니스 동호회에서 활동한다는 그는 동호회 모임을 가도, 친한 친구를 만나도 서로 경쟁하거나 잘난 척만 해대는 통에 울화를 해소할 길이 없단다. 집에서는 조용한 가장일 뿐 속풀이할 수 없다며 하소연하였다. 그 괴성의 장본인에게 산에서 그렇게 크게 소리를 내지르면 짐승들에게 해가 된다는 꼰대 같은 말은 할 수 없었다. 다만 그 산 정상 안내판에 "이 산에는 멧돼지가 서식하지 않는다."라고 쓰여 있었는데 산 아래에서 목격한 참나무밭 정황으로 보아 그 정보는 수정되어야 한다는 심증만 굳혔다.

6·25 추념식 70주년, 애국가 논란을 보며

2020년 6·25 추념식 70주년 행사장에서 애국가 편곡과 연주에 대한 논란이 일었다. “도입부 10초 정도가 북한 애국가와 비슷해 내 귀를 의심했다.”라며 북한 외교관 출신 태영호 의원이 불을 지폈다. 요즘 유행하는 트로트 가수 영탁이 “니가 왜 거기서 나와?”라고 노래한 것처럼 “북한 애국가가 왜 거기서 나와?”라는 식이었다. 이에 편승하여 다수의 미디어에서는 6·25 추념식 애국가 도입부 편곡이 북한 애국가와 유사했다는 제하의 보도가 있었다. 정부와 주관부처를 질타하는 비난성 여론까지 빗발쳤다. 일부 보수 유튜버들은 “북한 애국가 앞 소절을 따서 우리 애국가로 그대로 연주했다.” 이것은 간단한 문제가 아니라며 곧바로 색깔론으로까지 전이시켜 불타올랐다.

국가보훈처는 반박 해명했다. "이번 6 · 25행사가 70주년과 국군 전사자 유해봉환이 함께 거행된다는 점을 고려했다. 애국가가 특별히 엄숙하고 장중한 분위기로 연주될 필요가 있다고 논의되어 KBS교향악단에 편곡을 요청했다."라고 했고, 그에 따라 KBS교향악단은 "장엄한 울림이 잘 전달되면서도 대중에게 친근감을 주는 곡으로 애국가 전주를 연주했다."라고 밝혔다. 직접 편곡한 김바로는 북한 애국가를 연주한 게 아니라 "팡파르라는 결과물은 누구나 쉽게 떠올릴 수 있는 패턴이라서 선택한 것"이라고 설명했다. 이에 한 애국가 연구가는 "이런 스타일의 편곡은 처음 접하는데 국가 의전에 적합하지 않다."라는 의견을 냈는가 하면, 음악계의 중론은 논란으로 확산할 부분까지는 아니라고 일축하였다.

하지만 일각에서는 사전 점검이 미흡했다. 청와대는 행사 주관자를 해임하라는 등의 여론이 무성하였다. 어떤 1인 미디어 방송인은 6월 16일 개성에 있는 남북공동연락사무소 청사 폭파에 대한 감정까지 더하여 북한을 "찢어 죽이고 싶다."라고 하면서 "왜 그냥 있는 그대로 연주하지 편곡했느냐?"라고 볼멘소리를 해댔다.

있는 그대로의 애국가, 신성불가침이라도 되어야 하는 고정관념은 아닐까? 너무도 존엄한 나머지 자칫 손대면 부정이라도 타는 것처럼. 그럴 것 같지만 사실 애국가는 조금씩 변해왔다. 1970, 80년대까지만 해도 가장조였던 조성을 요즈음은 주로 사장조로 옮겨 사용한다. 원곡 격인 안익태의 교향적 환상곡 「한국」 합창 부분은 내림나장조이다. 그 1인 방송인의 주장대로 "있는 그대로 연주" 해야 한다면 내림나장조로 해야 맞을 수도 있다. 보통 사람들이 노래하기에는 매우 부담스러운 음역이다.

조성뿐 아니라 빠르기도 변화했다. 원래는 느리게, 매우 장엄하게(Andante molto maestoso)였다가 요즈음은 보통 사람이 걸어가는 정도의 보통 빠르기로(moderato) 연주가 일반적이다. 반주도 늘 풀 오케스트라는 아니었다. 국가적인 행사나 학교, 또는 일반기관의 의식에서는 오케스트라 반주 음원을 주로 사용했지만, 운동경기장이나 분위기 밝은 행사장의 성격에 따라서는 편곡이 달라지기도 했다. 이것은 다양한 음악 수요자의 요구와 시대의 흐름에 순응한 점도 있다. 그런 점에서 이번 행사도 의도가 있었을 법하다. 70년 만에 조국의 품으로 돌아오는 영웅들을 혼령이나마 정중하게 맞이하려 기획하지 않았을까. 그러다 예상하지 못한 여론에 휩싸였고.

좀더 들여다보면 애국가의 논란은 어제, 오늘 일은 아니다. 북한의 음악을 따라 했다고 마냥 흥분할 일도 아니다. 애국가에 대해 숙고해 보아야 할 본질은 따로 있다. 현재 우리의 애국가는 작곡가 안익태가 만들었다. 그는 1930년 미국 샌프란시스코 한인교회에서 애국가 노랫말을 스코틀랜드 민요 「그리운 옛날(Auld Lang Syne)」 가락에 얹어 부르는 것을 보았다. 일국의 애국가를 다른 나라 민요 가락에 붙여 부르는 것은 안 될 일이라고 생각했다. 안타까운 마음에 애국가를 작곡하겠다고 결심했고 1936년 6월 독일 베를린에서 애국가를 완성했다. 완성된 애국가는 그의 교향적 환상곡 「한국」 후반부에 삽입하여 그것을 주제로 삼아 곡을 완성하였다. 이를 두고 혹자들은 우리나라 애국가는 독립된 애국가가 없다고 하기도 했으며, 우리 애국가는 안익태의 교향적 환상곡 「한국」에 삽입된 곡을 떼어서 부른 것이라는 주장을 펼치기도 했다.

우리는 안익태가 우국과 충정의 작곡가라 배웠다. 그리고 가르쳤다. 그의 교향적 환상곡 「한국」을 핀란드 작곡가 시벨리우스의 「핀란디아」와 견주기도 하였다. 교향시 「나의 조국」을 작곡한 스메타나 같은 훌륭한 작곡가라고 여겼다. 우리나라에도 이런 빼어난 작곡가가 있다고 자랑스러워했다. 하지만 그것은 안익태의 두 얼굴이 세상에 알려지면서 어그러졌다. 안익태의 친일 · 친나치 행각이 만방에 드러났기 때문이다.

"안익태는 1942년 9월 독일 베를린에서 개최된 만주국 건국 10주년 경축 음악회에서 「만주국환상곡」을 지휘했다. 1938년 「에텐라쿠(Etenlaku · 월천악)」라는 일왕 찬양 음악을 작곡하기도 했다." 이 두 사례를 주된 근거로 2008년 민족문제연구소는 안익태를 친일 명단에 올렸다. 물론 안익태기념사업회에서는 부인했지만, 애국가 곡조가 일제의 침략전쟁을 예찬한 「만주국환상곡」과 비슷해 문제라는 주장 또한 우리를 갈등하게 했다. 이것들은 6 · 25

추념식의 도입부 편곡을 문제 삼는 것과는 차원이 다르다.

애국가는 노랫말 또한 도산 안창호 선생의 글이다. 아니다. 친일 민족 반역자 윤치호가 썼다는 설이 오랫동안 맞섰다. 결국, 국사편찬위원회에서는 애국가 노랫말은 작자 미상으로 결정하여 오늘에 이르고 있지만, 강효백 경희대 국제법무대학원 교수는 노랫말이 일본식이며 "애국가 가사는 일본을 찬미하는 내용이다."라고 주장한다. 「애국가」 2절의 '남산'이 서울 목멱산(남산)이 아니라 일본 교토京都 고야高野 산이라는 것이다. 일본에는 남산으로 불리는 산이 여럿 있는데 그중에 소나무로 유명한 남산이 고야산이라고 한다.

그는 "소나무는 한국이 아닌 일본을 대표하는 나무다. 그들은 소나무를 국수國樹로 여기고 일왕이나 귀족의 저택, 주요 사적지 등에 널리 심었다."라고 밝혔고, 한국에서는 매란국죽梅蘭菊竹 4군자를 높이 쳤다라고 했다. 또 "철갑을 두른 듯"의 철갑도 일본 무사 사무라이의 상징이라고 말한다. "한국 전통 갑옷은 종이나 직물에 가죽을 덧대 만들었다. 반면 사무라이는 철로 만든 갑옷을 입었다."라는 것이다. 이 밖에도 "바람서리 불변함은 우리 기상일세"라는 부분, 3절 "가을 하늘 공활한데"의 공활空豁(텅 비고 너르다) 도 한국이나 중국에서는 사용하지 않는 일본식 상용한자라고 한다. 후렴구에 등장하는 "삼천리"라는 단어도 "조선의 통치권이 미치던 영역 사천리를 일제가 의도적으로 천 리를 줄여 만든 것으로, 식민사관의 영향을 받은 표현"이라고 주장하고 있다.

공교롭게 문제가 되었던 6 · 25 추념식 70주년 애국가 논란을 접하면서 이제 여기서 한발 더 나아갈 수는 없을까? 생각해 본다. 애국가는 나라를 사랑하는 중요한 상징이기는 하지만 신성불가침은 아니다. 애국가가 만들어졌던 시대적 아픔과 상황이 어쩔 수 없었다면 미래의 힘찬 대한민국을 향한 당당하고 떳떳한 애국가를 새로 꿈꿀 수는 없을까? 정쟁과 이념, 반목과 질시의 저급함을 벗어던지고 민족의 역사와 문화를 오롯이 지향하며 굳건한 우리만의 정체성을 지켜 갈 애국가를 바라볼 수는 없을까.

안익태의 친일 · 친나치 행적을 집중 조명한 이해영 한신대 국제관계학부 교수는 "애국가가 진짜 애국가가 되려면 최소한 만든 이가 애국적이어야 한다. 비애국적 애국가는 그 자체로 형용 모순"이라고 말한다. 강효백 교수도 "작사자, 작곡가가 친일했을 뿐만 아니라 가사 내용까지 일본풍인 애국가를 폐기하고 진정한 국가를 제정해야 한다."라고 주장하는데 그렇게 될 날이 언제일까 손꼽는다.

아줌마와 형님

온통 회백색이다. 겨울의 속살을 헤집듯 날씨가 심통을 부린다. 눈이라도 한바탕 퍼부어 주거나 흙냄새 실어 오는 이른 봄비 한줄기가 간절한데 그렇지도 않다. 낮게 드리운 안개처럼 심신이 무겁고 움직이는 관절마다 찌뿌듯하다. 이런 때 가끔 들렀던 대중목욕탕에 선뜻 갈 수 없음이 아쉽다. 요즘처럼 샤워 문화가 발달한 때에 진부하다고 할지 모르겠지만 그것은 그것이고, 후끈한 온탕과 오싹한 냉탕의 기운을 온몸에 교대로 끼얹고 싶다. 거리 두기 세월의 강을 건너는 요즘은 언감생심으로 정경이나마 살짝 떠올리며 사우나탕 마니아 형님들은 안녕하신지 안부를 묻고 싶다.

널찍한 그 대중탕 안은 관능미로 유명한 르누아르의 「목욕하는 여인들」이나 앵그르의 「터키 목욕탕」, 신윤복의 「단오풍정端午風

情」 같은 모조품 벽화가 있지는 않았다. 그저 에덴동산의 사과나무가 연상되는 모자이크가 넓은 벽면에 큼지막하게 장식되어 있었고 훈훈한 수증기로 가득 차 있었다.

이 선악과나무 근처로 여인들이 모였다. 혼자 오는 이도 있고, 가족을 동반하기도 했다. 특히 개인으로 와서 삼삼오오 앉은 마니아들도 있었다. 업주에게는 가끔 오는 사람들보다 날마다 일수를 찍는 이 열혈 손님들이 찐 고객인 셈이었다. 그들은 일정 시간 탕 안을 점령하여 사우나를 만끽했다. 때로는 이웃에게 군기 반장 같은 역할을 하기도 했는데 모종의 권력 행사 같은 거였다.

그 권력자들이 군림하는 최고의 공간은 사우나실이라고 할 수 있겠다. 그곳을 말하려니 아줌마와 조폭의 공통점이라는 낡은 우스갯말이 떠오른다. '첫째, 그들은 겁이 없다. 둘째, 신체에 문신이 있다. 아줌마도 친해지면 형님이라고 부른다. 종종 떼로 몰려다닌다. 칼을 잘 쓴다. 금붙이를 좋아한다. 검은색 의상을 좋아한다. 인정사정 안 봐준다. 밤이면 그들을 무서워하는 이가 있다. 뭉치면 못할 것이 없다. 활동 구역이 있다.' 등이다.

어쩌면 식어 빠져 진기 없는 밥같이 시시한 조크일 수 있지만, 그럴싸한 부분도 있다. 혹시 '자신도 아줌마면서 아줌마의 저력을 뭐로 보고. 자기 얼굴에 침 뱉나?'라고 빈축을 살 수도 있겠다. 어디까지나 한번 웃고 넘길 것을 변명으로 탕 안으로 들어가 본다.

거의 매일 출근하는 사우나족들은 더러는 언니 동생으로 호칭하기도 했지만 대부분 고향 이름이나 아파트 명칭을 붙여 부산 형님, 리젠시빌 형님 등으로 불렀다. 서울댁, 부산댁에 붙였던 택호를 떼고 형님을 붙였다고 볼 수도 있겠다.

그 형님들을 정점으로 아우가 모였고 모인 그들은 뭉쳤다. 뭉치면 못할 것이 없다? 아니 못 할 말이 없었다. 각자 겪은 풍진 세상사를 스스럼없이 털어놓았다. 그뿐만이 아니라 삶의 온갖 설화가 그곳에서 휘돌았다. 시댁, 친정, 자녀, 고부 관계 등은 말할 것도 없다. 사업, 치정, 드라마, 드물게는 정치 이야기까지 전신에서 쏟아지는 더운 땀방울과 함께 분출되었다.

그들은 목욕탕을 활동 구역 삼아 두 시간 혹은 한나절 가량씩 머물렀다. 몸속 노폐물은 물론 마음속 응어리까지 뽑아내는 듯했다. 그야말로 때 빼고 광을 낸 후 자택 또는 일터로 흩어졌다 모이기를 반복했다. 다시 뭉치면 새로운 화제로 활기가 돌았다. 때때로 내가 몰랐던 정보도 알 수 있었다. 가만히 몸 사리고 귀퉁이에 끼어 있어도 따뜻한 공기에 이완된 내 귀는 나팔꽃처럼 활짝 피었다. 대화 내용 대부분은 마이동풍처럼 흘러갔지만, 몇 가지는 가끔 떠오르기도 한다.

어느 때는 멸치젓갈을 담그고 어느 시기에는 새우젓을 절였다. 갑오징어를 넣어 미역국을 끓였다든가, 초여름 열무는 지방보다 일산 쪽에서 내려오는 게 맛있다. 요양원과 요양병원의 차이는 이렇다. 각종 보험에 관한 소식도 그들은 빠삭했다. 계절 따라 나오는 농산물로는 참깨를 사고팔고, 마른 고추 등의 홍정이 직간접적으로 이루어졌다. 다양한 상품의 홍보와 무슨 무슨 다단계 상품까지 물망에 올랐다.

거래가 끝나면 수분 보충 시간이었다. 얼음을 우둑우둑 깨물어 먹는 사람도 있고 각자 챙겨 온 음료를 마시기도 했다. 적당히 블렌딩한 원두에 달보드레한 맛을 가미한 블랙커피가 한 순배씩 돌았다. 아무개가 집에 가면서 들여놓고 갔다거나 누군가가 방금 오면서 인사로 한 병 가져왔다고 들이밀었다.

커피 다음으로는 대형 용기의 코카콜라를 아무 아우가 제공했다면서 병마개를 땄다. 주로 알음알음으로 마셨지만 어쩌다가는 띄엄띄엄 방문하는 나 같은 사람에게도 인심을 베풀었다. 그런 점에서 인정사정 안 봐준다는 말은 불량배들과 달랐다.

톡 쏘는 맛의 콜라 한 모금, 향기로운 원두커피 한 잔을 공손하게 받아들이며 혹시 그녀들은 피 색깔까지 갈색일지 궁금하기도 했다. 상당한 양의 콜라와 커피를 들이켰는데 이것들이 핏빛까지 착색하지는 않을까 하고 어리석은 염려도 되었다. 그 외에 오미자, 오디, 칡, 녹차 등 좋다는 진액은 다 가져와 서로 나누며 교유했다.

한 형님은 번쩍이는 금붙이를 휘감은 채로 등장하기도 했다. 패물도 날마다 목욕시켜서 광을 내는지. 일종의 자기만족이나 과시욕이었을지. 아니면 집을 비운 새 도둑에게 털릴 게 염려되어서였는지는 모르겠다. 귀걸이, 목걸이, 반지는 기본이었다. 미소까지도 묵직하고 누렇게 보일 지경의 이 형님 외출 의상은 필시 검은색 슈트 일색일 거라고 상상해 보기도 했다.

그이가 정좌한 자리는 사우나실 문을 열면 바로 마주보이는 곳이었다. 출입문을 여닫을 때 환기가 되어 숨이 막히지 않고 발열체와 거리가 있어서 사우나하기에 최적의 고정석이었다. 누구나 그 자리에 눈길이 갔지만, 아무나 앉을 수는 없었다. 그녀만이 거의 매일 같은 시각에 동일 자리에 앉았다. 수문장 같은 그이는 아줌마계의 큰형님일 거로 짐작되었다.

문신이 조폭과 공통점인 점을 부인할 수 없다. 물론 거의 전신을 쪼아서 폭력 영화의 상징처럼 한 것과 비교할 수 없지만, 쪼는 건 사실이다. 십중팔구는 눈썹이나 아이라인을 영구 또는 반영구로 시술한다. 외모 가꾸기에 문외한인 나도 가끔 눈썹을 쪼러 갈 정도다. 어떤 이는 자신이 원하는 위치에 한 포인트 정도 자기만의 도안을 새기기도 했다.

아줌마와 조폭은 칼을 쓴다? 두말하면 잔소리다. 그렇더라도 뉴스에 나오는 불량한 형님의 칼은 굳이 어필하고 싶지 않다. 아줌마 형님의 칼은 사람을 살린다. 깎고 저미고 다져서 가족을 건사한다. 밤이면 그들을 무서워하는 이가 있다? 이건 맞기도 하고 다르기도 하겠지만 밤의 세계도 무서움 없는 평화로운 세상이기를 간절히 바라본다.

어쩌면 내가 본 사우나실 형님들의 실태는 눈치코치 없고 볼썽

사나울 수도 있다. 하지만 그들은 가족을 돌보고 가정을 꾸리면서 비법을 축적해 온 가정관리 전문가라 하겠다. 살아온 과정에서 쌓인 각각의 애환과 긴장을 대중목욕탕에서나마 풀어버리는 거다. 그런 그들에게 이곳은 노폐물 처리장인 동시에 오롯한 에너지 충전소다. 잠시나마 자신을 위해 만사를 내려놓고 자유로워지는 해방구다. 설령 아줌마와 조폭이 형님이라는 공통점이 있을지라도 아줌마의 저력은 인류를 이끄는 힘의 원천이다. 다소 과장되게 아부하며 목욕탕을 나서는 개운한 기분으로 칙칙한 마음을 떨친다.

장떡

KBS 다큐멘터리 「한국인의 밥상」을 시청하였다. 2021년 4월 22일 방영분으로 「문학으로 만나다! 작가들의 밥상」이 주제였다. 대하소설 『객주』의 작가 김주영 편에 눈길이 머물렀다. 소설 속 보부상의 밥상에 올랐던 장떡 만드는 과정이 나와서였다.

"된장 고추장을 입맛대로 섞어" 반죽한 후 부추를 숭덩숭덩 썰어 넣었다. 가마솥 밥솥에 김이 오르기 시작하자 뚜껑을 열고 밥 위에 삼베 보자기를 깔았다. 그 위에 반죽을 잘 펴준 다음 한소끔 푹 쪘다. 솥단지에서 뜸들이 김이 모락모락 새어 나오면 밥 내음과 함께 구수한 장떡이 완성되었다. 솥에서 보자기를 들어내 한 김 식힌 후 먹기 좋게 잘라 상에 올렸다. 부추장떡의 재연이었다.

내가 장떡을 맛본 건 얼추 30년 전이었다. 구례군 산동면에 있는 중학교에 근무할 때였는데 토요일 오전까지 일하던 시절이었다. 퇴근 후 전주에 있는 집에까지 가려면 승용차로 한 시간 이상이 걸렸다. 출발하기 전 어디에선가 점심을 해결해야 했다.

봄날이 무르익어 여름으로 향하던 토요일이었다. 카풀 동료 3명과 한식을 주로 하는 토담식당에 들렀다. 점심 상차림에 특별 서비스라고 장떡을 올렸다. 동글납작한 모양새에 호기심이 일었는데 처음 접하는 음식이어서 망설여졌다. 철판에 기름을 두르고 지져낸 모양인데 이름을 떡이라 하였다. 전이라고 불러야 맞지 않을까? 고개를 갸웃하게 했다.

지난 4월 어느 토요일이었다. 그때 그 동료 3명과 추억의 장소를 방문해 보자며 국도 17번을 달렸다. 잘 뚫린 고속화도로도 있었지만, 우리가 다녔던 옛길을 택했다. 남원 춘향터널을 지나 국도 19번으로 갈아탔다. 앞 밤재를 넘어 구례군 산동면 소재지를 거친 후 온천 관광지가 있는 골짜기에 다다랐다. 산수유, 진달래, 벚꽃이 모두 피어 화급을 다투듯 했다.

요새 봄은 한꺼번에 오는가? 계절은 서서히 바뀌고 꽃은 피는 차례가 있음을 굳게 믿었는데 동시다발로 만개한 봄 풍경에 감탄하다 잠시 멈칫했다. 눈앞에 펼친 현상이 생태계의 알 수 없는 반란이거나 혹시 모를 자연의 경고나 암시는 아닌지 마냥 좋아해도 되는지.

우리가 이곳에서 근무할 무렵 산동면은 온천 개발지였다. 적요의 마을이었던 곳에 날마다 관광차로 실어 나른 관광객이 넘쳤다. 몇 년을 그렇게 성업 중이었는데 수원이 고갈되었던지 이제는 수풀만 더욱 우거져 깊고 창창하였다.

온천수 대신 꽃으로 샤워한 기분으로 골짜기를 돌아 나오다 토담식당을 지났다. 이 집은 한식 백화점처럼 메뉴가 다양했었다. 골라 먹는 재미가 있어서 가끔 들렀는데 차림표에 나왔던 음식은 시장기와 함께 먹어버려 남은 게 없다. 방아잎을 넣어 지져냈다던 장떡만 떠올라 침샘을 자극하였다. 산동에 들른 김에 다시 한 번 그 맛을 음미하고 싶었는데 온천장과 함께 사양길에 들었던지 음식점이 문을 닫았다. 허름해진 건물 외벽이 가슴 한쪽을 헛헛하게 훑고 지나갔다. 덩그러니 붙은 낡은 간판이 빈 들에 남은 허수아비 같았다.

아쉬운 마음에 그 맛과 모양을 머릿속으로 떠올려 보았다. 첫맛은 짭짤했다. 다음은 매콤했고 그 두 맛을 감싸는 고소한 여운이 있었다. 지금까지 잊히지 않은 건 배초향이라고도 부르는 방아잎의 독특한 향과 맛이다. 처음엔 화장품에서 나는 냄새 같아 역하기도 했는데 한 젓가락, 두 젓가락 집는 동안 어찌된 일인지 감칠맛이 났다.

모양은 동글동글하게 빚은 개떡 같기도 했고 색깔은 거무튀튀했다. 묘한 향이 밴 맛이 점심상의 기운을 돋웠다. 가외로 밥을 부르는 맛이었다. 당시 반공일의 점심시간은 시장함으로 온통 쿨렁거렸는데 장떡의 감칠맛과 함께한 식사가 헌 가마니라도 채웠을 만큼 든든하였다. 다만 떡이라는 명칭이 심중에 궁금함으로 남았었는데 마침 TV에서 「문학으로 만나다! 작가들의 밥상」을 마주하게 되었다.

어린 시절 김주영 작가는 앞마당 난전에서 보부상들이 싸우듯이 흥정하는 모습을 접했다. 또 청송백자를 중심으로 그들이 먹고 마시고 잠자던 생활을 보았다. 어느 순간 이것은 그들 삶의 현장이라는 것을 깨달았고 조선 후기 보부상의 생생한 이야기 『객주』로 탄생시킨 동기가 되었다.

> 방문을 열면 마당에 잔뜩 난전을 펼친 보부상들의 모습을 보며 자랐다는 김주영 작가는 청송 한티고개에 남아있는 청송백자 가마터도 찾는다. 오래전 가마가 열리는 '점 날'이면 청송 백자를 사가려는 보부상들이 며칠 전부터 진을 치고 기다렸다는 곳. 청송백자를 구워내던 사기장의 후손 김선교 씨를 만나 집안 어른들에게서 전해 들은 당시 가마터의 풍경을 들어보고, 보부상들에게 내줬다는 장떡을 맛본다.
>
> —「문학으로 만나다! 작가들의 밥상」 내레이션 중에서

청송마을 도자기 가마터에 가마 열 때가 되면 봇짐장수와 등짐장수가 모였다. 이때는 축제와도 같았는데 주막에서는 반찬 겸 요깃거리로 장떡도 만들어 줬다. 프로그램 진행을 맡은 최불암은 "끼

니에는 소홀했던 보부상들, 그들에게 밥상은 고된 삶을 달래주는 쉼표 같은 게 아니었을까요? 제일 어려운 사람들이 보부상이었을 겁니다. 짊어져야지 다녀야지."라고 말하자 소설가 김주영이 응대했다. "보부상들이 장터에 도착하면 배가 많이 고팠을 것 아니에요? 허기가 지겠죠. 숫돌 같은 것을 지고 다녔으니까 곡식 같은 것이 아주 무겁거든. 힘이 많이 드니까 허기가 진다고."

그 대화를 들으며 보부상만큼 육신이 힘들지는 않았지만 젊은 날 나도 심신이 허기졌던 날, 몇 번인가 장떡으로 위안받았던 기억이 되살았다. 어찌 보면 보잘것없고 초라한 음식일 수 있다. 하지만 식생활의 근간이 되는 장을 재료로 만들어서 밥상에 올리면 반찬이었고 술상에 올리면 안주가 되었으리라. 출출할 때 먹으면 새참도 되었겠다. 지치고 힘겨운 날 찬물에 밥 말아 후루룩 들이킬 때 한 점 떼어먹으면 영혼까지도 소생하였으리라.

오래전에 특이한 향과 맛이 인상 깊었던 음식, 어째서 떡이라고 했을까의 궁금증은 가마솥에서 쪄지는 광경을 보며 해소되었다. 떡처럼 쪄내서 전이 아니고 떡이었을 거라고 수긍하며 이제는 서툴게나마 내 방법으로 조리해 볼 그림을 그려 본다. 고추장과 된장을 나름대로 배합한다. 반죽에는 그때그때 부추나 제철 푸성귀를 섞기도 한다. 야릇한 향기의 방아잎을 더할 수도 있다. 찜솥에 찌기도, 철판에 지져낼 수도 있다. 너무 짜면 건강에 해롭다고 하니 촐촐하게 비 내리는 날, 이 그림대로 슴슴하게나마 장떡을 빚어보리라.

어떤 지름신

외출에서 돌아왔더니 뜬금없는 일이 생겼다. 남편이 홈쇼핑의 바다에 낚싯대를 드리웠단다. 낚아 올린 것은 생물 갑오징어였다. 미끼는 오만 원 상당의 현금이었다. 직접 보고 샀어도 어려울 오징어를 영상만 보고 결재했다니 고개가 갸웃해졌다. 웬일이냐고 묻자 혼자 있기 심심해서 영화나 한 편 보려고 TV 채널을 돌렸다고. 이리저리 옮기다가 갑오징어를 판매하는 화면에 시선이 꽂혔다.

지금쯤 싱싱한 갑오징어가 먹물을 쏘아 댈 서해 풍경이 겹쳤다. 날것은 날것대로 익힌 것은 익힌 대로 미각을 돋워주던 기억이 파도쳤다. 앞뒤 가릴 틈도 없이 "그래, 이건 사야 돼." 지름神이 내렸다. 호스트의 맛깔나는 진행은 의심의 여지도 없었다. 잘 손질해서 포장한 개수가 10개나 된다니 값도 싸게 느껴졌다. 더구나 이 불확실성의 사회적 거리 두기 계절에 오징어 먹으러 외유를 떠나는 건 무리수였다. 가만히 앉아 기다렸다가 도착 즉시 살짝 데쳐서 초고추장만 찍으면 그만이라고 생각하니 눈앞에 오징어가 오락가락 헤엄쳐 다녔다.

갑오징어, 가슴에 뼈를 품고 사는 오징어다. 그 뼈가 마치 갑옷 같다고 갑옷 갑甲자를 붙였다. 원래 조상은 조개였다. 분화되는 과정에 조개껍데기가 모두 퇴화하지 않고 몸속에 남았다. 물론 척추동물의 뼈와는 다르다. 하지만 덕분에 연체동물임에도 뼈대 있는 가문인 셈이다. 그 뼈가 인간의 마음속 화병 같은 응어리가 아닌 것은 참 다행한 일이다.

기록을 보면 상당히 영리한 물고기다. 오적烏賊(까마귀를 해치는 도적)어라고도 하는데 『자산어보』에 따르면 갑오징어는 까마귀를 잡아먹으려 매일 물위에 떠 있다. 날아가던 까마귀는 물에 떠 있는 오징어가 죽은 줄 알고 잡아먹으려 쪼아댄다. 그 순간 오징어가 까마귀를 덮쳐 잡아먹는다. 『전어지』에는 흑어라고도 했는데 이는 쓸개와 피의 색이 먹처럼 새까만 데서 비롯하였다. 사람이나 큰 고기를 보면 먹물을 순식간에 사방으로 내뿜어 스스로 몸을 숨긴다.

또 짝짓기할 때는 변장술에 유인술까지 획책한다. 암컷은 훌륭한 2세를 위해 본능적으로 덩치 큰 수컷을 좋아한다. 그래서 체구가 작은 수컷은 짝짓기가 쉽지 않아 몸의 색깔을 암컷처럼 바꾸는 자구책을 쓴다. 그런 다음 몸집이 큰 수컷에 접근한다. 암컷인양

얼쩡거리다가 큰 수컷 옆의 암컷 오징어를 유인한다. 함께 삼십육계 줄행랑을 쳐서 목적을 달성한다. 키 작은 갑오징어가 카멜레온 같은 변장술을 통해 사랑을 쟁취했다고 할까? 아니면 원초적 본능이라 해야 할지.

남편이 주문한 갑오징어가 기대만큼 괜찮을지는 미심쩍었다. 하지만 어떤 맘으로 질렀을지는 짐작되었다. 우리는 갑오징어에 대한 거부감 없는 몇 가지 기억들이 있다. 맛과 식감뿐 아니라 계절과 장소, 함께했던 지인들과의 정감까지도 오롯하다. 맛은 비리지 않고 순하면서 은은한 단맛까지 난다. 타우린 함량도 높아 영양식으로도 손색이 없다. 도톰하고 오돌오돌 씹히는 감을 느끼며 해묵은 일상을 서로 나누면 또 다른 에너지가 솟았다. 회로 먹거나 찜을 찌거나 데쳐도, 삶거나 끓여도 매력이 있다. 반건조나 바짝 말린 건어물로 취해도 일품이었다.

그런저런 전례가 남편을 움직였을 거였다. 또 출출할 때 친구들과 찾았던 경원동 가맥집의 마른 갑오징어 안주를 떠올렸을 수도 있다. 오래전부터 전주에 찾아오는 여행객들의 명소가 된 이 집은 빳빳할 정도로 마른오징어를 모터가 달린 전용 망치로 잘 두드려 다스린 다음 연탄불에 구워준다. 단, 짠, 고소한 간장소스에 찍으면 비주류인 사람도 맥주잔을 들게 하는 맛이다. 오장육부가 놀랄 만큼 시원한 맥주에 곁들이면 술을 좋아하는 사람들은 갑오징어

한 마리로 맥주 한 상자도 거뜬할 것이다. 하악관절이 아프도록 깨물어도 끝까지 당기는 게 마른 갑오징어다.

홍지서림 앞 수제 맥주 전문점의 피데기 안주도 한몫했을 수 있다. 그곳은 적당히 말린 갑오징어 살을 에어프라이어에 구워준다. 예약 주문이 필요했는데 담백하면서도 깊은 풍미를 선사했다. 이 가게의 남자 주인장은 몇 종류의 향이 다른 맥주를 빚었다. 아내는 홀을 담당한다. 곱슬곱슬한 긴 머리에 후리후리하게 큰 키의 마담이었다. 홀 안은 세미 클래식 음악 외에 각종 추억의 곡들이 분위기를 돋웠다.

주문한 택배는 다음 날 오전에 도착했다. 스티로폼 상자의 외장이 그럴싸하였다. 그 안에 낱개로 된 비닐 포장이 질서정연하게 담겨 있었고 이불처럼 보냉재를 깔끔하게 얹었다. 따지고 보면 모두 환경을 위협하는 물질들로 잔뜩이었지만, 일단은 정갈하고 반반했다. 언제 도착할까? 날것인데 신선하게 배달될까? 조바심 내던 남편은 좋은 세상이라며 반색했다. 방방한 부피감에 모처럼의 자기 행동이 잘못되지 않았다는 듯 으쓱하는 기색마저 보였다.

기대 반 궁금증 반으로 포장 한 개를 뜯었다. 일회용 플라스틱 받침에 흡수지가 깔렸고 그 위에 갑오징어가 얹혔다. 몸통 예닐곱 개를 엇비슷하게 겹쳐서 뉘었다. 흡사 다리미로 누른 듯 납작했다. 아니면 얇게 저며서 포를 뜬 것 같기도 했다. 꼴뚜기보다 조금 큰 것부터 아기 손바닥 크기를 차례로 배열했고 실낱같은 다리를 가지런히 놓았다. 뽀얗고 오동통한 살집의 상태를 기대했는데 백지장같이 얇고 파리했다. 호스트의 화려한 진행과 영상이라는 한계에 유린당한 것 같았다. 그보다 최신 쇼핑문화에 민첩하지 못했음에 아차 싶었다. 마릿수와 포장 개수가 중요한 게 아니라 적어도 크기까지도 확인했어야 했다. 결국은 태어난 지 얼마 되지 않은 어린 오징어의 남획에 동참한 꼴이 되었다.

모처럼 가족들과 홈캉스라도 해보겠다고 안 하던 짓을 한 남편은 실망했다. "바로 이것."이라고 설레서 드리웠던 낚싯대에 해파리나 불가사리가 걸렸을 때 같은 표정이 되었다. 결국 변산반도 어디쯤에서 솔섬으로 지는 낙조를 바라보며 갑오징어를 먹었던 날을 회상하는 것으로 마음을 달래야 했다. 향기로운 술 한 잔을 서로 권하며 좋은 사람들과 한때를 떠올리며 답답한 현실을 상쇄해 볼 요량이었을 남편의 마음만 가상하였다. 그리고 변화하는 세상에서 충동적인 구매 욕구에 현명하게 대처할 숙제 하나를 얻었다.

코로나19 이후, 마스크의 재인식

코로나19의 창궐로 미치도록 피어 흐드러졌던 봄날은 화중지병이었다가 정지용 시인의 "산꿩이 알을 품고 뻐꾸기 제철에 우는" 여름 또한 속절없이 지나가고 있다. 이러다 코로나19 퇴치와 관련한 뾰족한 대책도 없이 찬바람 부는 계절이 금방 닥칠 것만 같다. 막연한 불안감에 행여 하는 마음으로 미디어에 촉각을 세우다 보건용 공적 공급 마스크 5부제를 종료한다는 보도를 접했다. 7월 11일까지는 기존 공적 판매처에서 개수 제한 없이 살 수 있고, 12일부터는 약국뿐 아니라 마트와 편의점, 온라인에서도 원하는 만큼 구매할 수 있다고 하였다. 1주일에 1억 장 이상을 생산할 수 있어 시장공급 체계가 원활해졌기 때문이라고 했다.

보건용 공적 공급 마스크 5부제. 이 말은 세상에 없던 말이다. 지난 3월 5일 정부가 발표한 마스크 수급 안정화 대책에서 나온 말이다. 생년의 끝자리 수 지정에 따라 남편은 목요일, 나는 월요일이 구매일이었다. 그렇지만 우리는 몇 주 동안 한 번도 시도해 보지 못했다. TV에서 보이는 마스크 대란 장사진에 낄 엄두가 나지 않았다. 유통업을 하는 지인이 30개들이 한 상자를 구해 준 덕분에 우선 버티고 있었다. '외출을 삼가며 최대한 아껴 써야지.'라고 다짐했다. 하지만 온종일 실황중계하듯 전해지는 코로나19 소식의 끝을 알 수 없어 불안했다. 마스크를 좀더 구해 놓아야 할 것 같다고 하자, 남편은 무색하리만치 화를 내었다. 그게 무슨 부당한 거래에 동조하는 것쯤으로 생각하는 모양이었다.

5부제가 시작된 지 한 달쯤 지난 토요일 오후, 남편과 함께 효자동 서부시장 쪽으로 산책하였다. 왕복 한 시간 정도 소요될 거리여서 가벼운 운동 삼아 갈 수 있었다. 주말에는 5부제에 관계없이 누구나 마스크를 살 수 있는 날이니까 "나가는 김에 마스크도 구매합시다."라고 말해 보았다. 어쩐 일인지 남편은 별말 없이 수긍하였다. 서부시장 근처에 가끔 들르는 약국에 도착하였다. 우리 앞을 가로질러 신분증을 내민 여인은 있었으나 줄을 설 필요는 없었다. 보유하고 있는 마스크도 넉넉한 것 같았다.

차례를 기다리고 있는데 앞지르기 여인에게 약사가 말했다. 컴퓨터 모니터에 시선을 둔 채로 "이번 주에 사셨네요?" 여인이 담담한 어조로 반문했다. "이번 주에요? 언제요?" 여전히 모니터에 시선을 고정한 채 약사가 짚어 주었다. "수요일에 동양약국에서요." 여인의 마스크 구매가 점잖게 거부되었다. "동양약국요?"라고 재차 묻던 그녀의 시선이 잠시 흔들리는 듯하더니 신분증을 받아 들고 총총히 사라졌다.

요즘 마스크 구하기가 어려워 부정한 방법으로 구매를 시도하는 사람들이 있다더니 그런 사례인가? 아니면 깜빡 건망증이 있어서 사고도 잊었을까? 잠시 의문이 들었다. 그녀가 떠나고 남편과 나는 마스크 5부제가 실시된 한 달여 만에 처음으로 공적 공급 마스크 두 장씩을 구할 수 있었다.

바이러스가 비말로 전파된다는 주장이 나오자 보건용 마스크 착용은 필요불가결하게 되었다. 나를 보호하기도 하지만 상대방을 배려하는 절대적인 보루로도 빠르게 장착되었다. 마스크의 안과 밖이 이승과 저승을 가를 것처럼 중요시되었다. 하지만 서양에서는 WHO에서 감염병의 세계적 유행 선포가 있을 때까지도 마스크 사용에 부정적이었다. "코로나19 바이러스를 막는 데 큰 도움이 되지 않는다."라든가 "건강한 사람의 마스크 착용이 바이러스 확산의 위험을 낮춘다는 증거가 충분하지 않다."라고 했다. 그런가 하면 서양의 문화는 마스크가 환자나 범죄자 또는 테러리스트의 전유물처럼 여긴다고도 했다. 개인의 자유를 침해하는 일로 여기기도 했다.

아주 오래전부터 또 다른 불신의 사례가 있었다고도 들은 바 있다. 그때를 혹자는 중세 시대라고도 하고 또는 17세기부터라고도 하는데 역병을 막는 의사들이 사용했다는 새 부리 마스크가 있었다. 쥐벼룩이 옮겨 감염되는 흑사병을 당시의 의학 이론에서는 냄새가 원인이라고 했다. 그래서 새 부리 모양의 마스크를 만들어 사용하였다. 부리 끝부분에는 각종 향료나 허브 등을 넣고 작은 숨구멍을 냈다. 그것들이 공기를 소독하고 정화시켜서 감염되지 않는다고 믿었다. 요즈음 방독 마스크의 정화통 같은 역할을 기대했다. 또 그 마스크는 눈 부분까지 밀폐하기 위해 고글 형태의 유리나 안경을 부착했다. 의사의 복장은 머리부터 발끝까지 통으로 된 원피스를 입었고 옷 표면은 공기가 통하지 않게 밀랍으로 코팅했다. 환자와 직접 접촉을 피하려 손에는 지팡이를 들었고 신발은 구두나 장화를 신었다. 이런 새 부리 마스크와 원피스 차림 의사의 모습은 괴기스럽기까지 하였다. 일종의 방호복이었지만 완벽한 밀봉은 이루어지지 않았다. 쥐벼룩들은 빈틈을 노려 침투하였고 의사들도 별수 없이 병에 걸렸다. 흑사병이 코로나19처럼 침방울이나 호흡기를 통한 감염병이 아니었으니 당연히 새 부리 마스크는 효과가 없었고 마스크를 신뢰하지 않게 된 데 일조하지 않았을까.

요즘도 마찬가지이지만 일상이 적응되지 않던 지난 몇 달, 방콕 1열이 되어 포노사피엔스를 체험했다. 스마트폰 활용에 둔감하면서도 자꾸 손이 갔다. 검색하는 곳마다 코로나19에 대한 이런저런 소식과 정보들이 울울창창하였다. 그중에는 마스크와 관련한 내용도 한몫하였다. 마스크가 부족하다는 사연을 듣고 돕고자 몰래 가져다 놓은 선행의 기사를 읽으면 나도 뭐라도 해야 할 것 같은 마음이 들다가, 재봉틀로 천 마스크를 만드는 영상을 볼 때는 먼지 묻은 재봉틀을 한 번 돌려볼까? 하고 바라보기도 했다. 그러다가 내 건강을 잘 지켜 남에게 해 끼치지 않는 것도 중요하다고 주저앉아 다시 스마트폰 삼매경에 빠져들었다.

전화기 화면 속에서 너무나 절박하고 웃픈(?) 정황들을 보게 되었다. 마스크를 대신하여 양재기로 입과 코를 가린 그림, 자몽 비슷한 과일 껍질을 대용한 사진도 있었다. 넓적한 배춧잎에 눈과 입 부분을 사각으로 오려내어 쓰기도 했고, 어느 나라에서는 심지어 여성의 브래지어 캡 한쪽을 떼 내어 입과 코를 막았다. 영국의 지하철 안에서는 쇼핑 봉투나 플라스틱 상자를 뒤집어쓰기도 했고 어떤 이는 행주로 얼굴 전체를 가리고 그 위에 고글을 썼다. 방독면 너머로 SNS를 하는 사람도 있었다.

그뿐만이 아니었다. 코로나 룩이라고 하여 목이 긴 티셔츠를 머리 위까지 끌어올려 면상을 몽땅 가리기도 했고 후드가 달린 티셔츠로 얼굴 전체를 뒤집어쓴 사진도 보았다. 위기에 대처하는 지혜라고 하기에는 씁쓸하였다. 하긴 고대 로마시대에는 납이나 석면의 흡입을 막기 위해 동물 방광으로도 마스크를 만들어 썼다고 하니 그리 이상하다고 할 수도 없겠다.

그것보다 더 알 수 없었던 것은 4월 4일쯤의 뉴스에서 미국의 대통령 트럼프는 자국민들에게 스카프 같은 것으로라도 입과 코를 막으라고 권고하지만 자기는 쓰지 않겠노라 선언했다. 일본의 아베 총리는 아주 볼품없어 보이는 천 마스크를 쓰고 방송에 출연해서 한 집에 두 장씩 공급하겠다고 하였다. 그것에 대한 국민의 심중이 미디어를 통해 표출되었는데 아이러니 그 자체였다. 두 개의 마스크로 눈과 입, 코를 가려버린 아베의 사진, 앞사람만 입을 가리고 뒤 2명, 3명은 끈만 지나가게 묶인 그림, 엄마와 아빠만 나눠쓰고 아이는 부모 얼굴을 빤히 올려다보는 웃지 못할 아베노 마스크 패러디 사진들이 인터넷에 속속 등장하였다.

더 기가 막힌 것은 강대국의 마스크 쟁탈전이었다. 이탈리아로 가야 할 것을 프랑스가 웃돈을 주고 중국 공항에서 가로채 갔다느니, 미국은 3M사에서 생산되는 마스크를 해외에 수출하지 말라느니 등 치열한 마스크 전쟁이 시작되었다. 남의 일처럼 관조했던 서양에 코로나19가 급속도로 퍼지자 발등에 불 떨어진 것처럼 마스크를 대하는 인식과 자세들이 바뀌어 가고 있다.

정부는 공급이 원활해진 마스크 5부제를 종료하면서 또 다른 우려를 발표했다. 아직 백신이나 치료제가 확실하지 않은 상태에서 가을이 오면 인플루엔자나 코로나19 감염병이 2차로 확산이 될 수도 있다고 하였다. 방역 수칙을 잘 지키면서 장기전에 대비하자고 예고하였다. 그렇다고 일반 가정에서 별다른 대책을 마련할 수 있는 상황도 아니어서 지난 봄날에 우왕좌왕했던 기억을 떠올리며 최전방을 사수할 마스크를 다시 한 번 점검한다. 요즘에는 얼굴에 입는 옷으로까지 말할 정도로 위상이 새로워지고 있는 마스크, 몇 달간의 코로나19 상황을 지켜보면서 불안한 편안함보다 불편한 안전함을 위해 꼭 필요한 물건으로 재인식한다.

바퀴 달린 집 거실에서 세 사람이 화투를 친다. 할머니 순자와 손녀 앤, 7살 손자 데이비드이다. 화면으로 보이는 실내가 아주 밝지는 않다. 하지만 창으로 새어드는 빛으로 컨테이너 집의 불안정한 풍경이나마 온기가 느껴진다. 앉은 순서로 봐서 데이비드가 '빽'을 냈다. 순자가 자기에게 온 행운이라는 듯 "야, 빽났다. 비켜라, 이놈아."라며 좋아한다. 부스스한 머리카락을 틀어올린 모양과 왜소한 몸집, 척추의 굽은 정도가 단박에 노인임을 알 수 있다. 영화 「미나리」의 한 장면이다. 미국에 사는 딸네 가족을 돕기 위해 한국에서 날아온 노파 순자다.

비대면 상황을 뚫고 문화재단에서 진행하는 스토리스케이핑Storyscaping 교육에 참여하고 있었다. 스토리스케이핑은 이야기에 체험이나 가치를 더해 제품과 소비자를 하나로 묶는다는 의미의 신조어이다. 요즘은 말하기나 글쓰기 등에도 적용하고 있어 관심이 높다.

강의가 한창 무르익고 있는데 책상 위에 얹어 놓은 스마트폰이 반응했다. 교육생 누군가가 단체 채팅방에 메시지를 보냈다. "윤여정 씨가 오스카 여우 조연상 탔네요." '어지간히 관심과 팬심이 넘치는 사람이구나.'라고 여기며 강의실 정면 스크린으로 시선을 옮기는데 마스크 속 내 표정도 벙글거렸다.

교육이 끝나고 집으로 오는 차 안에서 '왜 이렇게 심장이 나대지? 내가 상을 탄 것도 아닌데? 세계의 이목이 집중하는 미국 영화제에서 받은 상이라 특별히 명예로운가? 얼굴색이 하얀 사람들만 시상한다는 비판을 뚫고 선택받아서? 아시아인의 열등감을 해소하는 기회가 주어져서? 오만한 그들만의 잔칫상에 끼워주어서?'

물론 이런 것도 아니라고 할 수는 없겠다. 하지만 그것보다는 「미나리」라는 영화에 출연한 배우 윤여정에게 초점을 맞춰보았다. 나는 오래전엔 그녀에게 별 관심이 없었다. 외모나 연기력이야 배우니까 어련했을까? 하지만 왠지 끌림이 없었다. 딱히 말한다면 푸석하고 허스키한 그녀의 음색이 못마땅했던 것 같다. 뚝뚝 부러지는 듯한 투박한 말투 또한 거슬렸을 수 있다. 발음이 부정확하게 들리지는 않았지만, 대사가 볼멘소리로 들려 알사탕을 양 볼에 감추고 있나 싶었다. 그것은 그녀의 성격이 냉소적일 거라 단정하였고 배역에 충실하지 않거나 성의가 없다고 여겼다.

그런데 언제부턴가 나는 그녀에게 집중하고 있었다. 그 생고구마와 같은 말투와 둔탁한 음색을 수용하고 있었다. 「윤식당」이나 「윤스테이」 등의 연예 프로그램을 시청하면서였다. 좀 서툰 행동과 퉁명스러운 말씨들이 개성으로 느껴졌고 자연스러운 인간미로 다가왔다. 그리고 그녀의 언행에 공감하고 있었다.

그런 그녀가 세계인이 주목하는 아카데미상에서 여우 조연상을 받았다. 정이삭 감독의 「미나리」가 6개 부문 후보에 올랐고 그 영화에 조연으로 출연했던 윤여정이 선택받았다. 2021년 4월 26일은 배우 윤여정의 날이라고 해도 과언이 아닐 것 같았다.

영화 속 역할은 '아웃사이더 할매 아냐?'라는 의문이 드는 캐릭터다. 물론 내게 각인된 할머니나 어머니의 속정이 없는 건 아니었다. 순자는 새로운 땅에 정착하려고 전전긍긍하는 딸 모니카를 위해 미국까지 날아갔다. 자식을 위해서라면 세상 끝까지라도 달려가는 한국의 엄마이고 할머니임에는 틀림이 없다. 하지만 그녀는 일곱 살 손자에게 화투를 선물한다. 그 먼 미국 땅까지 가면서 화투와 미나리 씨앗을 들고 간 할머니. 농장 주변 시냇가에 씨 뿌려 가꾼 미나리는 그렇다 치고 후손들에게 화투 놀이를 가르치는 순자는 내가 경험한 한국 할매의 전형은 아니었다.

데이비드의 할머니는 손자와 화투 놀이를 하고 프로레슬링 중계에 몰입한다. 화투치기나 스포츠 중계가 다 나쁘다고 할 수는 없겠지만, 그렇다고 어린아이에게 권할 만한 놀이는 아니었다. 순자의 딸 모니카도 어린애에게 무슨 화투치기를 가르치냐고 한다.

손자 데이비드는 "할머니는 할머니 같지 않아요."라고 한다. 이에 순자가 "할머니 같은 게 뭔데?"라고 되묻는다. "할머니는 쿠키도 만들고, 나쁜 말도 안 하고, 남자 팬티도 안 입어요."라며 둘은 티격태격 갈등한다. 순자는 아웃사이더가 아니고는 시도하기 어려운 행동을 너무도 천연덕스럽게 실행한다. 이것을 두고 혹자들은 '윤여정표 할머니'라고 했다.

함께 생활한 시간이 흐르자 순자는 가족이라는 정으로 소통한다. 할머니한테서 냄새난다고 했던 데이비드에게 "스트롱 보이"라며 튼튼해질 희망을 북돋운다. 심장이 약한 데이비드 편이 되어준다. 또 미나리는 어디에 있어도 알아서 잘 자라고, 부자든 가난한 사람이든 누구든 건강하게 해준다고 하며 정착에 대한 희망을 암시한다. 그러면서 "미나리는 원더풀 원더풀이야."라고 되뇐다. 그녀 안에 어떤 인자가 이런 역할을 자신만의 페르소나로 연출하게 할까.

우리나라의 블랙 유머 중에 "딸 가진 어미는 싱크대 밑에서 죽고, 아들 둔 엄마는 길바닥에서 죽는다는 말이 있다." 딱 그런 상황이 순자에게 일어난다. 데이비드의 병증을 검진하러 가족이 외출하고 없을 때였다. 순자는 뇌졸중으로 고통받던 중이었다. 몸이 말을 안 들어 혼자 남았던 그녀는 집안일을 도우려 쓰레기를 태운다.

바람이 불어와 농장 창고에 불이 옮겨붙는다. 불길은 걷잡을 수 없었고 창고는 다 타버렸다. 싱크대 밑은 아니었지만, 쓰레기를 태우다가 죽다 살아난다.

불낸 죄책감이었던지 순자는 집 반대 방향으로 걸어간다. 벌판 같은 농장을 가로질러 허위허위 넋을 잃고 가는데 '혹시 어디 가서 죽으려나?' 마음을 졸이게 했다. 그때 손자와 손녀가 순자를 찾아다가온다. 그리고 집으로 가자고 이끈다. 가족의 연대감이 떠오르게 하며 다큐멘터리 같은 영화가 끝난다.

요즘 미디어들은 윤여정 예찬에 침이 마른다. 윤여정에게 '스며들다'라는 뜻의 새로운 말로 "윤며들다."라고 한다. 트위터에는 4월 26일 하루 동안 66만 번 해시태그가 붙었다고도 한다. 오만한 듯하고 투박한 말투가 뒤늦게 내 귀에 스몄듯이 다른 사람들도 그랬을까? 그녀의 언어 표현은 무뚝뚝하지만 소탈하고 진솔하며 핵심을 꿰뚫는다고 한다. 직설적인데 친근하다며 "휴먼여정체"라고 폰트의 이름을 패러디하기도 했다.

미디어의 인터뷰를 들으니까, 젊은 시절 어떤 연출가는 목소리 때문에 안 된다.라고도 했다. 듣고 보니 그녀의 목소리는 나에게만 거슬렸던 건 아니었다. 어느 기자는 연기 철학이 뭐냐고 물었다. "열등감에서 벗어나려 했고 먹고살려고 절박해서 연기했다."라면서 "대본이 성경 같았다."라고 말할 때는 뼈를 맞은 것 같았다.

연기를 전공하지도 않았고, 아르바이트하다 배우가 되었다니 얼마나 각고의 노력을 기울였을까? 이 땅에 살아가는 한 인간으로서 자식을 둔 어미로 남 일이 아니고 내 일같이 다가왔다. 감독들이 들려주는 평으로는 '준비를 철저히 하는 배우, NG를 적게 내는 연기자'라고도 한다니 그 진정한 프로정신을 응원하고 싶다.

수상소감 중에 두 아들을 향해 "엄마가 열심히 일한 결과"라고 하면서 너희를 위해서 열심히 일했다고 했는데 사실은 그녀 자신 앞의 삶을 위해 최선을 다했노라 말하는 것 같았다. 그런 그녀에게 "뻑"난 행운이 찾아온 건 필연이고 다행한 인생의 보상이 아닐까. "야, 뻑났다, 비켜라, 이놈아."라며 기뻐하던 모습이 떠올라 벙글거렸던 내 마스크 속 표정을 변명해 본다.

제3부
유년의 꽃을 만년에 줍다

백석의 「국수」는
내 영혼의 신작로
숲속의 나 홀로 악사
내 마음의 가마터
선 너머 살아요
찢청 입은 의사를 보며
내 꿈은 조 선생
한 영혼에 촛불을 켤 용기
왕족의 이름처럼

백석의 「국수」는

추석 달이 이울어 간다. 풀벌레 소리가 애잔하다. 그것들은 제 목숨을 현악기로 삼는다. 가느다란 두어 줄로 우주를 켠다. 밤새들도 꾹꾹 울어댄다. 콘트라베이스의 피치카토를 듣는 것 같다. 남은 계절을 예견하는 필사의 몸부림일까? 나는 이 하얀 밤의 앙상블을 마주 대한다. 더없이 고졸하다. 한동안 귀기울이다가 행여 가을밤의 정취에 방해라도 될까 봐 고양이처럼 사뿐히 걷는다. 책상 앞에 다가가 전기스탠드를 밝히고 조도를 맞춘다. 노트북을 연다. 찬찬히 들으며 정리하고 있는 「현대 시 강의」에 집중한다. 갈매나무 시인 백석의 시 몇 편을 읊조려보다가 「국수」라는 시에 머문다.

아, 이 반가운 것은 무엇인가/ 이 히수무레하고 부드럽고 수수하고 슴슴한 것은 무엇인가/ 겨울밤 쩡하니 닉은 동티미국을 좋아하고 얼얼한 댕추가루를 좋아하고 싱싱한 산꿩의 고기를 좋아하고/ 그리고 담배 내음새 탄수 내음새 또 수육을 삶는 육수국 내음새 자욱한 더북한 삿방 쩔쩔 끓는 아르굳을 좋아하는 이것은 무엇인가// 이 조용한 마을과 이 마을의 으젓한 사람들과 살틀하니 친한 것은 무엇인가/ 이 그지없는 고담枯淡하고 소박素朴한 것은 무엇인가

— 백석, 「국수」 중에서

백석은 1912년 7월 1일 평안북도 정주에서 태어났다. 1935년(24세) 8월 31일 조선일보에 시 「정주성定州城」을 발표하면서 시작품에 정진하였다. 그는 우리나라 최초로 고유어 중심의 이야기시를 쓴 사람이다. 일제강점기라는 어려운 시기에도 끝까지 우리말을 고수하였다. 주로 함경도 지방 중심의 토속어여서 처음 접할 때는 생경할 수 있다. 주석을 보아야 이해되는 부분 때문에 감상의 흐름이 끊기기도 한다. 하지만 그보다 더 아쉬운 건 남한과 북한으로 분단된 세월이 오래다 보니 같은 말이어도 내용이 다른 것들이 수월찮다는 점이다. 「국수」도 그렇다.

국어사전에서는 국수를 "밀가루 · 메밀가루 · 감자 가루 따위를 반죽한 다음, 반죽을 손이나 기계 따위로 가늘고 길게 뽑아낸 식품. 또는 그것을 삶아 만든 음식"이라고 정의하고 있다. 메밀가루,

감자 가루도 재료가 되기는 하지만 남한에서 나고 자란 사람들은 국수하면 뜨끈한 국물의 밀가루 국수를 우선 떠올린다. 그래서 백석의 「국수」를 해설할 때도 남한식 국수를 바탕으로 삼는 경우가 많다.

한 고등학교 국어 교사가 인터넷에 올려놓은 수업을 들어보았다. 소재, 주제, 갈래, 성격, 특징 등등을 구조화하여 전개하였다. 시의 골조를 낱낱이 발골해서 학생에게 주입시키는 입시 전용 수업이라고나 할까? 컴퓨터 모니터 밖으로 교사의 침이 튀겨져 나올 것 같았다. 강의가 다 끝나도록 정작 백석의 「국수」에 대한 농밀한 사유나 성찰은 나오지 않고 밀가루로 만든 국수의 여운만 감돌았다. 그 밖의 인터넷 게시물들에도 잔치국수 이미지를 포스팅해 놓은 경우가 적잖게 눈에 띄었다.

백석의 「국수」를 잔치국수 이미지로 해석하고 감상하는 건 재고의 여지가 있지 않을까. 이것은 마치 김유정의 단편소설 「동백꽃」을 남쪽 바닷가에 피는 붉은 동백꽃으로 착각하는 것과 같은 오류일 수 있다. 백석의 「국수」는 밀가루 국수가 아니고 '메밀가루나 감자가루로 만든 냉면'이라고 전제하면 김유정의 「동백꽃」이 알싸한 향기가 나는 생강나무 노란 꽃인 것처럼 그 작품 속의 정황이 확 바뀐다.

멸치 육수에 말아서 만든 따뜻한 국수가 아니라 눈 내리는 날 잘 익은 동치미 국물에 말아 먹는 쩡한 맛의 냉면을 먹는 풍경이 되는 것이다. 살얼음이 동동 뜬 육수에 꿩고기 수육 두어 점을 고명으로 올리고 기호에 따라서는 얼얼한 고춧가루와 식초를 곁들여 먹었을 것이다. 시큼시큼한 식초 맛을 생각만 해도 군침이 고인다. 함께 음식을 나누어 먹던 정겨운 사람들의 모습이 눈앞에 떠오른다. 아랫목은 또 절절 끓어오를 듯이 따뜻하였으리라.

백석의 「국수」를 상상하다가 「이상한 나라의 앨리스」처럼 어린 시절의 추억 속으로 휘리릭 빨려 들어가 본다. 농한기를 맞이한 마을 사람들이 산토끼나 꿩들을 사냥해 온 적이 있었다. 눈이 많이 쌓이면 길 잃은 것들을 주워오다시피 잡을 수 있었는데 바로 그런 날이었다. 꿩고기는 무를 넉넉히 삐져 넣고 맑은 탕으로, 토끼고기는 고춧가루를 듬뿍 뿌려 볶듯이 자작하게 끓였다. 어른들은 막걸리를 주고받으며 그 얼큰한 것들로 속을 채웠고 아이들도 쫄깃한 육 것을 두어 점 뜨듯하게 맛볼 수 있었다. 백석의 마을처럼 국수까지 만들어 먹지는 않았지만 바쁠 것도 없고 서두를 것도 없던 그런 날, 모처럼 소담한 동네잔치가 열려 종일 설렜다.

백석의 시에서도 그런 풍경이 있다. "눈이 많이 와서/ 산엣새 벌로 나려 멕이고/ 눈구덩이에 토끼가 빠지기도 하면/ 마을에는 그 무슨 반가운 것이 오는가보다" 그것은 심심하고 한가한 아이들이 꿩사냥을 해오는 것으로 시작한다. "가난한 엄매는 밤중에 김치가재미로 가고" 가재미에서 꺼내 온 것은 김치뿐 아니라 동치미도 있었을 것이다. 꿩고기를 삶아 수육을 만들고 메밀가루를 반죽하여 국수틀로 생면을 뽑았을 것이다. "하로밤 뽀오얀 흰김 속에 접시귀 소기름불이 뿌우현 부엌에 산멍에 같은 분틀을 타고 오는 것이다" 그것은 봄, 여름, 가을을 거쳐 "지붕에 마당에 우물둔덩에 함박눈이 푹푹 쌓이는 여늬 하로밤 아배 앞에 그 어린 아들 앞에 아배 앞에는 왕사발 아들 앞에는 새끼사발에 그득히 사리워 오는 것"이었다.

겨울 하루 꿩 사냥을 시작으로 온 마을 사람들이 국수를 만들어 나누는 모습이 잔치처럼 흥겹다. 토착어와 어울린 화자의 정서가 찡한 감동으로 다가오는데 내 어린 날의 그리움을 살짝 빗대어 보았다.

내가 백석에 관심을 가진 지는 오래지 않다. 2012년 무렵 군산의 N 중학교에 근무했던 때였다. 중년의 한 미술 교사가 백석의 시집을 겨드랑이에 끼고 가는 것을 보았다. 그는 타이트한 바지와 허리에 다트가 과하게 들어간 남방 차림을 하고 있었다. 앞부리가 뾰족한 구두로 잔뜩 멋을 부린 것 같았지만 썩 호감이 가지는 않았다. 다만 시집 한 권을 지니고 쓱 스쳐 가던 모습이 인상 깊었다. 남몰래 문학을 동경하고 꿈꾸기는 했지만, 이래저래 잊고 살려 했던 나에게 신선한 자극이 되었다.

2017년 정읍 J 여중에 근무했을 때는 이런 일이 있었다. 출근하면서 중앙 현관을 통과했는데 A4 크기의 종이가 좌우 벽면에 붙어 있었다. 순간 '저게 뭐지?' 소심한 꼰대의 촉이 발동했다. '누군가가 뜬금없이 불만 사항이라도 표출했나?' 하고 신경이 덜컥 곤두섰다.

가까이 가서 들여다보았다. 기우였다. 백석의 시 「흰 바람벽이 있어」를 출력해서 붙여놓았다. 폰트를 강조하거나 멋지게 보이려고 꾸미지도 않았다. 그냥 흰 종이에 알 글만 박혀 있었다. 그것은 건물 양쪽 끝 출입구에도 붙어 있었고 2층에도 두어 군데 붙어 있었다. 며칠을 오며 가며 한 번씩 읽어 보다가 지나가던 선생님에게 누가 한 일인지 아느냐고 물어보았다.

"아 그거요? 3학년 2반 D가 한 거래요."

나는 그 학생이 궁금해졌다. 학교 밖 체험학습이 있던 날 출발하기 전에 잠깐 면담을 부탁하였다. D는 승마용 같은 검정 바지에 투명한 반짝이가 빛나는 흰 티셔츠 차림으로 나타났다. 왼쪽 머리는 거의 삭발이다시피 했다. 오른쪽 머리카락들은 얼굴로 쏟아져 내리듯 커트한 이른바 투블럭 헤어스타일이었다. 거기에 크고 둥근 안경을 쓰고 있었다.

"어떻게 시를 벽에 붙였지?"라고 묻자 대수롭지 않게 또는 당연하다는 듯 대답했다.

"수업 시간에 배웠는데요, 너무 좋았어요. 컴퓨터에 필사하다가 다른 사람과 함께 보고 느끼려고 그렇게 했어요."

D는 나름 '외롭고, 높고, 쓸쓸한' 시인의 존재를 공감했을까. 덕분에 나도 문학에 심취해 보고 싶다는 욕망이 깊은 곳으로부터 솟아났다.

풀벌레와 밤새들의 연주가 뜸해졌다. 자라면서는 알지 못했던 백석 시인을 옛 동료와 제자에게서 발견했던 것을 기억하며 늦은 공부에 밤을 새워본다. 같은 말이지만 다른 맛을 내는 밀가루 국수와 백석의 「국수」를 선부르게나마 상상하며 노트북을 닫는다.

내 영혼의 신작로

경부고속도로 개통이 50주년 되었다는 뉴스를 접했다. 우리나라 산업과 경제, 문화 발전의 근간이 된 50년 역사를 회자하고 칭송하였다. 물론 어떤 일에나 따라다니는 이전투구 기사도 들끓었다. 추풍령휴게소 어디쯤 세운 준공 50주년 기념비에 누구의 이름은 새겼고 어떤 이의 이름은 빠졌다는. 그 설왕설래가 따분하여 허공을 멍하니 바라보다가 엉뚱한 길 하나를 찾아내었다. 고속도로 전신이라고나 할까, 어린 시절의 자동찻길로 접어들었다.

아득히 먼 고향에도 신작로라 불리는 찻길이 있었다. 그것은 내 글쓰기의 첫 제목이기도 했다. 잊었다고 여겼던 글쓰기의 열망이 돋아났을 때 한 지인에게 심정을 내비쳤다. 그이는 "다 늙어서 글은 써서 뭐 할거여? 골치만 아프제."라고 되받았다.

그렇기는 하였다. 글쓰기와 무관하게 살아온 날들이 얼마인데 이 무슨 자다가 봉창 두들기는 짓인가. 여러 번 생각해도 가당찮은 일이었다. 그런데 그러면 그럴수록 내면 깊은 곳에서 생동하는 그 무엇이 있었다. 결국 쓸데없이 골치 아픈 짓 하지 말라던 이는 눈을 가늘게 흘기며 애정 어린 일갈을 날렸다. "미쳤구먼."

초등학교 2학년 때였다. 2학기가 한창 진행되던 무렵 같다. 학교에 해 갈 숙제를 놓고 안절부절못하고 있었다. 숙제는 글쓰기였다. 제목은 '신작로新作路'였는데 운문이나 산문을 써야 했다. 원고지에 적는 것까지는 떠올랐지만 더는 기억나지 않았다. 여름밤 풍뎅이가 자반뒤집기하듯 방바닥에 누워 엎치락뒤치락하면서 그것을 어찌해야 할지 갈등하였다.

그러다 가만히 눈을 감았다. 담임선생님 모습이 떠올랐다. 보통의 키에 얼굴은 동그스름했다. 뒤로 빗어넘겨 한 갈래로 묶은 고수머리가 강한 인상일 수 있었는데 실상은 푸근한 성격이었다. 머리카락이 선천적으로 곱슬하면 품성이 세다는 건 편견에 불과했나 보다. 기품있는 자세에 말소리는 조용조용했고 옅게 화장한 이미지는 세련미 그 자체였다. 산골에서는 보기 드문 인품의 삼십 대 후반쯤이었다. 이름 또한 김안순이었다. 이런 선생님의 당부를 거스르는 일은 결코 있을 수 없었다. 글감을 다시 집어 들고 버스가 지나다니던 길을 연상해 보았다.

우리 고장의 편도 일차선 찻길은 싸리재와 곰티재를 넘어 전주로 오가던 길이었다. 그 길은 읍내에서 남쪽으로 방향을 틀면 비행기재를 통해 남원이나 전주로 갈 수 있었다. 첩첩산중을 벗어나는 출입구였다. 멀리 산길을 넘어가는 빨간색 시외버스가 바라보이면 막연하게나마 다른 세계로 떠날 수 있음에 설렜다. 하지만 나는 그때까지 그 길을 한 번도 넘어 본 적이 없었다. 이런 상태를 글로 쓴다는 건 무리였다.

결국, 숙제는 아버지가 밖에서 돌아온 후 해결되었다. "신작로는 도시에 사는 언니의 선물을 싣고 오고(…) 내 꿈은 신작로를 따라 달린다."라는 내용의 산문이었다. 거의 아버지가 불러준 대로 쓴 것 같다. 완성했다는 안도감이 있기도 했지만 찜찜한 것도 사실이었다. 문학의 허구성 같은 것을 알 턱이 없던 어린 마음에 거짓말이 섞여 있던 것이 못내 켕겼다. 내게는 도시에 사는 언니가 있기는 했다. 그렇다고 선물을 주고받을 만큼 돈독한 관계는 아니었다. 그리고 꿈이라는 게 뭔지도 모를 시기였던 것 같다.

그 찜찜한 켕김에 반전이 일어났다. 스스로 완결한 글이 아니라는 것쯤 알았겠지만, 어느 부분 격려할 곳이 있었을까? 담임선생님의 칭찬을 들었다. 친구들 앞에서 낭독으로 발표했고 반 대표로 뽑혀 상도 받았다. 뭔지도 모르면서 문예반에 속하게 되었다. 차츰 글쓰기가 취미와 특기로 부상하였다. 6학년 졸업 때까지 영원히 잊지 못할 두 명의 문예반 선생님도 만났다. 그리고 신작로로 달리고 싶은 꿈이 새싹처럼 돋아났다. 글을 쓰고 싶다는. 그러나 그것은 거기까지였다. 변명 같지만, 중등학교 때는 지도 교사를 만날 수도 글을 쓸 기회도 별로 없었다. 의지는 있었다고 하나 표현하거나 지속하지 못하였다. 심적인 여력이며 환경 또한 허락되지 않았다. 그래서 잊고 살았다.

어느 날 초등학교 동창회에 갔다. 삼십여 년 중등학교 음악 교사로 지냈다 했더니 동창 중의 어떤 이가 고개를 갸웃했다. 어렸을 적 나를 회상하였던지 "교사를 했어도 국어 교사를 했어야지."라며 의아해했다. 초등학교 때 문예반이었다고 국어 교사여야 한다는 발상이 뒷머리를 긁적이게 하였지만 잊고 있었던 아킬레스건 같은 것을 툭 건드리기도 했다.

돌아와서 명경지수의 심정으로 자신을 가만히 들여다보았다. 한눈팔듯 살아온 세상에는 고속도로가 신경세포처럼 산지사방으로 펼쳐져 있다. 더구나 가상의 공간까지 온통 광통신 연결망으로 휘황한데 내 기억 속의 신작로는 아직도 비 온 날 지렁이 지나간 자국같이 초라했다. 길바닥은 울퉁불퉁했고 흙먼지 날리는 좁은 길은 덜커덩거렸다. 산을 깎거나 비탈진 곳에는 연례행사로 산사태가 났다. 진흙 길은 파여서 웅덩이가 생겼고 차가 지나가면 흙탕물을 튀기거나 뒤집어쓸 수도 있었다.

그때는 몰랐는데 지나고 보니 글 제목으로 신작로는 그렇게 매력적이지도 않았다. 그런데 어쩌자고 오랜 세월 가라앉아 잠든 씨앗처럼 머물다 다시 깨어났을까? 이제현의 『역옹패설櫟翁稗說』 서문이 그 몽상의 씨앗을 호명했을지 모르겠다. "임오년 여름에 비가 줄곧 달포를 내려 들어앉았는데, 찾아오는 사람도 없어 답답한 마음을 참을 수 없었다. 벼루를 들고 나가 처마에서 떨어지는 빗물을 받아 벼룻물을 하여, 친구들 사이에 오간 편지 조각들을 이어 붙인 다음, 생각나는 대로 그 편지 뒷면에 적고서 끝에다 역옹패설이라고 썼다."라는 대목이 나의 무의식을 흔들어 깨웠을까.

그래, 내 인생에 떨어진 희로애락의 빗물로 먹을 갈아보리라. 초등학교 동창이 말했던 국어 교사는 못 되었지만, 세상에 번듯한 고속도로를 50주년 이상 마음껏 주행할 수는 없었어도 오솔길이나마 내 길을 걸어보고 싶어졌다. 아버지가 길라잡이해 준 신작로가 아니라 남은 세월 스스로 갈고 닦는 내 영혼의 신작로를.

숲속의 나 홀로 악사

표고 132m 정상에 다다른다. 높이만 보면 이게 산이냐고 반문할 수도 있겠으나 어우러진 숲의 품새가 산은 산이다. 꼭대기를 찍고 고만고만한 높이의 능선길을 걷는다. 15분 정도를 걷노라면 노송나무가 빽빽한 골짜기쯤을 통과한다. 내리닫는 계곡 쪽을 향해 나무 벤치 몇 개가 놓였다. 그 벤치에서 기타를 끼고 앉아 있는 남자를 보았다. 계곡 아래로 곧 거꾸러질 듯 구부정한 뒤태와 거무스름한 옆얼굴이 얼비쳤는데 중장년은 넘었지 싶었다. 그곳은 피톤치드 생성 구간이니 잠시 삼림욕이라도 하고 가라고 손짓하는 듯한 지점이기도 했다.

벤치의 남자는 인생 후반에 함께할 악기로 기타를 선택했는지

스스로 반주하면서 노래 부르고 있었다. 울창한 노송 숲을 관객 삼은 듯 나름 심취해 보였다. 그런데 그의 연주를 귀기울여보니 기타 소리가 한 타령이었다. 한참 지나쳐서 다시 들어보아도 고개를 갸웃하게 하였다. 재즈 기타로 긁어대는 것 같은데 코드에 변화가 없었다. "팅 티르르 팅 티르르." 기타가 타악기가 될 수 있다는 걸 처음으로 느꼈다.

노랫소리를 들었던 산의 이름은 화산華山인데 화산체육공원華山體育公園이라고도 부른다. 완산칠봉을 길 하나 사이에 둔 동남쪽 기슭으로 전주천의 흐름과 방향이 같다. 노래하는 남자가 앉아 있던 의자는 화산이 품고 있는 유연대油然臺 즈음이기도 하다. 국어사전에는 유연油然을 "구름이 뭉게뭉게 피어나고 있음. 생각 따위가 저절로 일어나는 형세가 왕성함."이라고 풀이했다. 그 말마따나 이곳은 뭉게구름이 뭉게뭉게 피어나듯 형성된 한 덩어리의 큰 숲이다. 보기에 따라서는 도심에 떠 있는 섬 같기도 하고, 강물에 떠다니는 돛단배 형상도 닮았다. 이곳을 지날 때마다 내게도 글쓰기의 기세가 뭉게뭉게 피어날까 솔깃해지기도 한다.

남자의 노래는 이난영의 「목포의 눈물」 2절을 지나고 있었다. "삼백 년 원한 품은 노적봉 밑에 임 자취 완연하다. 애달픈 정조…." 3절까지도 거뜬히 내달릴 지경이었다. '삼백 년 원한 품은 노적봉'이란 부분은 나라 잃은 한을 표현했다고 들었다. 1935년 발표 당시 일본 경찰의 눈을 피하고자 '삼백련 원앙 풍'으로 묘하게 바꿔 불렀다는 일화가 남아 있는 대목이다.

고요한 숲속 주변을 의식하지도 않고 의아해하는 시선은 아예 등진 채 노래하는 나 홀로 악사. 이 용감한 남자를 보며 쓸데없는 상념들이 뭉게구름처럼 쌓였다. 남의 이목 따위가 아랑곳없는 저 가객은 무슨 한이 저렇게 절절할까? 개인적일 수도, 아니면 나라와 민족의 한을 떠올리고 있을지도 모를 일이었다. 자기만의 카타르시스를 느끼고 있거나 혹시 노래를 잘하고 싶은 간절함으로 연습 중일까. 또는 최근에 새롭게 떠오르는 트로트 열풍에 젖어서 열중할 수도 있겠다.

그렇다면 기타 반주는 또 뭐란 말인가. 가까운 문화센터 같은 데서 두어 번이라도 배우기는 했을까. 또는 한 개의 코드라도 기억하고 싶어서 반복 연습하고 있는 것일지도 모를 일이었다. 흥을 위해서라면 차라리 손아귀에 딱 맞는 탬버린을 택할 수 있었을 텐데. 손목에 적당한 스냅을 주며 엉덩이 쪽이나 허벅지쯤에 한 번씩 튕겨주거나 동서남북 위아래로 흔들었더라면 보는 사람이 훨씬 더 재미있다고 할 수도 있겠는데, 남자의 외연은 매우 진지함 그 자체였다.

악사가 부른 「목포의 눈물」은 어린 시절 외삼촌의 전축에서 흘러나와 나도 저절로 익힌 곡이었다. 뜻도 모르고 따라 불렀는데 어느새 밀고 당기고, 꺾고, 떠는 음을 흉내 내고 있었다. 어린애가 가요를 부르는 것이 미덕은 아닌 때여서 큰 소리로 불러본 기억은 없다. 하지만 무의식적인 학습의 효과였을지 아이러니하게도 어른이 되어서까지 기억에 남았고 나에게 이 노래는 대중가요 중 애창곡이 되었다. 지금도 이 곡을 듣거나 부를 때면 아련한 그리움과 향수가 먼저 달려온다.

노송나무 아래 남자도 나의 애창곡에 심취하고 있었는데 그의 불규칙한 비브라토는 기교라기보다 불안했다. 한참을 멀어졌음에도 남자의 노랫소리는 귓가에 '앵앵' 댔다. 어디가 좀 이상한 사람인가? 생각하다가 몇 년 전의 내 모습을 되돌아보니 그럴 것만도 아니었다.

글을 쓰겠다고 혼자 터덕거리다가 생활 글쓰기 반을 운영하는 곳에 찾아간 적이 있었다. 말 그대로 삶에서 발견한 소재로 소소한 글쓰기나마 시도해보자는 의도였다. 그런 점에서 생활 글쓰기라는 용어가 그렇게 매력적일 수가 없었다. 그 끌림에 이끌려 먼 거리였지만 한 달에 두 번씩 재미있게 참여했다. 수업은 합평 형식으로 이루어졌다. 평가는 서로의 글을 읽고 덕담을 나누는 정도였다. 간식이나 차를 나누면서 친목도 도모할 수 있었고 몇 편의 초고도 생겼다. 그런데 한 2, 3년 진행되다가 주최 측 사정으로 폐강되었다. 다시 외톨이가 되었는데 그때 나 홀로 글쓰기는 숲속 악사가 코드 1개를 긁으며 불규칙한 비브라토의 열정으로 자족하는 것이나 다를 바 없었다.

그러던 차에 지인의 소개로 서울디지털대학교에 편입하였다. 강의를 들으며 그간의 내 사고가 얼마나 안일하고 소극적이었던지 정신이 번쩍 들었다. 글을 쓰는 일은 소재가 무엇이든 주제가 어떻든 장르가 어떤 것이든 치열한 자기 성찰의 수반임을 깨달았다. 궁극적으로 글은 혼자 쓰는 작업이지만 막연한 도전은 아름다운 숲길을 등불 없이 걷는 것 같았다. 기타를 타악기로 둔갑시킬 수도 있는 것이었다.

산행의 반환점은 유연대의 한쪽 끝 어은터널 부근이다. 나무 벤치에 잠시 앉아 준비해 간 물을 마시며 하늘을 보았다. 에워싸인 나뭇잎 사이로 동그란 하늘이 드러났다. 마치 거꾸로 파놓은 우물 같았다. 정화수처럼 한 움큼 떠다가 코로나19를 퇴치해 달라고 빌어볼까? 턱없이 유치한 상상을 하다가 자리를 떴다.

다시 노송나무 숲 근처에 이르렀다. 또 다른 행인 남자가 숲속 악사와 밀착하여 대화하고 있었다. 50대 초반쯤 되어 보이는 건장한 남자였는데 내가 이상히 여겼던 기타 반주의 「목포의 눈물」을 듣고 질문했을지 궁금했다. 곁을 지나며 들어보니 두 남자는 하모니카를 이야기하고 있었다. 나 홀로 악사가 하모니카를 코로 분다는 것 같았다. 실제로 그리했는지는 모르겠지만 뒤따라오는 하모니카 가락은 기타 반주의 노래보다 들을 만했다.

집에 돌아와서 하모니카 연주가 코로 가능한지 시험해 보려다 그만두었다. 그것보다는 유튜브에서 나의 애창곡 「목포의 눈물」을 들으며 잠시 어린 날의 추억 속을 들여다보다가 유연대에서 만난 남자를 다시 떠올려 보았다. 지금이라도 기타를 제대로 익히면 훨씬 더 멋있는 악사가 될 수 있을 거라고 권해 볼걸 그랬나 아쉬웠다. 물론 쓸데없는 오지랖이라는 걸 자인하면서 글을 쓰다가 지치거나 권태로워질 때 숲속 나 홀로 악사를 타산지석으로 삼아 보리라.

내 마음의 가마터

2019년 5월 18일, 서울디지털대학교 수필동아리 수수밭 MT에 가고 있었다. 자동차 운전을 덜 부담스러워하는 이 선생이 차를 몰았다. 꿈꾸는 뜰을 닉네임으로 쓰는 정 선생, SDU 전북 모임 박 회장과 함께였다. 직지사를 품고 있는 황악산 골짜기에 접어들었다. 불현듯 정년퇴임 날 밤과 이튿날 새벽 무렵에 꾸었던 꿈이 떠올랐다. 어느 산속에 있는 도자기 가마터를 찾아갔던 꿈이었다. 그때처럼 산을 타오르는 것은 아니었지만 깊숙한 산속으로 들어가는 것이 그때의 기억과 흡사하였다.

우르릉 쾅쾅 바로 머리 위에서 천지를 찢겠다는 듯 천둥소리가 요란하였다. 동이로 들이붓듯 폭우가 쏟아져 내리고 있었다. 2018

년 9월 1일 퇴임 이튿날, 우레와 빗소리에 놀라 잠에서 깨었다. 그리고 곧 '앗! 꿈길이었네?' 하고 느꼈다. 꼭두새벽의 타성에 젖었던 몸은 늦잠이 무색하여 푸드덕 소스라쳤다. 오랜 세월 걸어왔던 길을 잃은 아침이었다.

희붐한 창밖을 한동안 바라보다가 꿈속에 찾아갔던 길을 되짚어 보았다. 아이러니하게도 나는 독립군이었다. 아니 이름 없는 의병이었다. 험준한 바위산을 타고 있었다. 중국 장가계의 어느 협곡 같기도 했고 한 번도 가보지 않은 마추픽추의 고산 길 같기도 했다. 네 발로 기듯이 넘어갔다. 아슴푸레한 기억 속에는 두어 명의 동지도 함께였다.

다다른 곳은 어느 도자기 가마터였다. 속내로는 의병들의 근거지였다. 그곳에는 천민과 백정, 양반도 있었고 농민을 비롯한 갖바치도 있었다. 어떻게 된 일인지 역사 드라마 「미스터 션샤인」의 한 장면 같은 프레임 속에 내가 있었다.

가마터 주인은 배우 김갑수로 조선 최고의 도공이라 하였고 의병 대장이기도 하였다. 그는 나에게 팥죽이 그득한 가마솥을 안겨주었다. 나의 임무는 동지들에게 팥죽을 나눠주는 일이었다. 새알심이 동실동실 떠다니는 팥죽을 오지그릇에, 쭈그러진 양재기, 이 빠진 사기그릇에 덜어주었다. 팔도에서 뜻을 모은 의병이 제각각이듯 담는 그릇도 각양각색이었다.

한참 팥죽을 나누고 있었는데 "우르릉 쾅쾅" 요란한 폭음이 울렸다. 적군의 침략인지 토벌군의 작전인지 모를 일이었다. 대포 쏘는 소리같이 무시무시하였다. 우리 동지들의 무기라고 해봤자 기껏해야 총칼이 다였는데 '아! 경각의 시점은 이렇게 오고야 마는가?' '저 정도 굉음의 신무기라면 이젠 우리 모두 죽겠구나.' 고뇌하며 소리나는 쪽을 바라보다 눈이 번쩍 뜨였다. 포성의 진원은 천둥소리였다. 꿈이었다. 얼토당토않고 허무맹랑하기 그지없었다. 독립군 아니, 의병이라니.

예정 시간보다 늦게 도착한 우리는 합평 시작 전에 직지사 경내를 후딱후딱 돌아보기로 하였다. 자주 오기 어려운 곳이니 아쉬운 마음을 그렇게라도 위안 삼아 볼 요량이었다. 사천왕상 앞에서 서툰 합장을 하고 묵례를 올렸다. 대자연 속에 잠시라도 머물 수 있게 된 감사 인사를 수문장께 아뢰는 마음이었다. 소나무 향기가 연무처럼 골짜기에 가득하였다. 그 아래를 걷기만 하여도 산속의 좋은 기운이 다가왔다.

절집 마당에는 초파일에 달았던 연등이 누군가의 간절함을 경건하게 발원하는 듯하였다. 전각 아래는 모란꽃 진 자리 뒤로 진분홍 작약꽃도 이울고 있었다. 어느 모퉁이에는 하얀 설토화가 피었다가 우수수 쏟아지고 있었다. 마치 하늘의 별들이 떨어져 땅 위에 은하수를 흐르게 하고 싶은 것 같았다. 바쁘다는 핑계로 대웅전 모서리 문에서 건성으로 합장하고 슬쩍 지나쳤다. 옥동자를 점지한다는 비로전 나신의 동자상을 확인하고 길을 내려왔다.

모임 장소로 오던 길에 '백수 문학관'에 들렀다. 시조 문학의 큰 산맥인 백수白水 정완영鄭椀永 문학관이었다. 때마침 문학관 앞뜰에서는 음악회가 열렸다. 시인 탄신 100주년 기념 감꽃 음악회였다. 우리가 뜰을 지나 문학관으로 들어갈 때는 가야금 합주가 끝나고 오카리나를 독주하고 있었다. 비 내리는 산골짜기에 오카리나 소리가 멀고 가깝게, 깊고 얕게 풀빛인 듯 산빛인 양 스며들고 있었다. 흙으로 구워 만든 악기의 선율이어서 자연과 저리 잘 어울릴까. 그 가락에 얹어 백수의 시를 읊조려 보니 그대로 노래가 되었다.

> 바람 한 점 없는 날에, 보는 이도 없는 날에/ 푸른 산 뻐꾸기 울고, 감꽃 하나 떨어진다/ 감꽃만 떨어져 누워도 온 세상은 환! 하다.// 울고 있는 뻐꾸기에게, 떨어져 누운 감꽃에게/ 이 세상 한복판이 어디냐고 물었더니/ 여기가 그 자리라며, 감꽃 둘레 환! 하다.
>
> — 정완영, 「감꽃」

드디어 수수밭 MT가 본격적으로 진행되는 민박집에 도착하였다. 그런데 그곳에서 내가 퇴임하던 날 밤 꾸었던 꿈이 다시 떠올랐다. 그때의 어렴풋한 분위기가 이곳과 겹쳤다. 꿈속에서 흙으로 빚는 도자기 터를 찾아갔다면 이곳은 마음으로 빚어 구워내는 가마터에 온 것 같았다. 꿈속에 의병대장이 있었다면 여기는 추상秋

霜 같은 임헌영 교수님이 계셨다.

교수님은 미간을 중심으로 하얀 눈썹이 짙게 드리워져 있었다. 상서로운 백호의 기상이랄까. 날개를 활짝 펴고 자유롭게 창공을 활보하는 콘도르의 위용이 있었다. 그 시선 안에 천 명의 도공, 만 명의 문사라도 품을 수 있는 너끈함이 느껴졌다.

무엇보다 꿈속에 뜻을 같이했던 동지들처럼 이곳은 선후배 문사들이 집결하였다. 취향을 공유하고 창작을 통해 성장해 가는 장인들이 있었다. 질 좋은 도자기를 구워내듯 자신의 글을 통해 삶을 완성해 가는 사람들의 모임이었다.

각자의 글을 빚고 다듬기도 하지만 합평을 통하여 글에 대한 의견을 내고 공감을 나눴다. 서로 돕는 동문이 소통하는 공간이었다. 먼저 되었다고 자랑하거나 으스대지 않았다. 처음 시작하는 신입 회원에게도 기꺼이 품 넓게 마음을 열어주는 사람들의 집합체였다. 덕분에 오프라인 모임에 처음 참석한 나도 이 가마터의 일원이 되었다.

궂고 힘든 일에 너와 내가 없었다. 30여 명이 넘는 식사를 챙기는 일에 솔선하였다. 음식을 나르고 상을 차리며 불을 피우는데 누구도 미적거림이 없었다. 질 좋은 쌀로 구수한 밥을 지었다. 슴슴하게 끓인 배추된장국이 정겨웠다. 귀하디귀한 두릅전이 나오고 홍어전이 차려졌다. 언젠가 다시 먹어보고 싶었던 방아 잎 장떡도 마련되었다. 홍어가 삭힌 맛이 있다면 방아 잎은 다시 먹어보아도 묘한 향이 매력적인 식자재이다.

강원도에서 들고 온 오미자막걸리에 부안에서 날라 온 뽕주 한 잔의 나눔이 분위기를 한껏 돋웠다. 모름지기 사람의 향기가 나는 가마터였다. 꿈속에서 나는 동지들에게 팥죽을 열심히 나눴었는데 이곳에서는 차려 준 밥상만 과분하게 받았다. 음식을 준비하고 수고한 손길들을 위하여 고마움의 건배 제의를 하고 싶었다.

밤늦도록 가마터는 불타올랐다. 새로 등단한 작가에게는 축하의 시간을 기획하였다. 스승의 은혜에 감사하는 마음 전달식도 있었다. 각자의 의견을 돌아가면서 발표하는 시간도 의미 있었다. 내 순서가 되었을 때 나는 신입의 어눌함으로 떨거나 중언부언하였다.

어느 선배가 자기의 글쓰기는 반성문에서 비롯되었다 하였다. 그런데 결론은 선생님도 교도관도 "반성문을 읽지 않는 것 같더라."였다. 확인할 수는 없었지만 모두 폭소를 터뜨렸다. 교수님의 구상 시인과 인연 이야기, 역사 이야기, 문학 이야기는 밤이 깊도록 살아있는 증언 그 자체였다.

우리 일행은 미리 약속한 새벽 한 시에 길을 나섰다. 황악산 어디쯤에서 소쩍새 소리가 들렸다. "딸꾹, 딸꾹, 딸꾹…." 비로전 나신의 동자승이 잠시 소쩍새 몸을 빌렸을까? 점지해 준다는 옥동자 대신 수수밭 동아리를 마음의 가마터로 안겨주겠다고 속삭여 주는 것 같았다.

우리는 공감과 감사, 소박한 꿈을 나누며 고라니가 출몰하는 늦은 밤길을 돌아왔다.

선너머 살아요

나는 선너머 마을에 산다. 법정동으로는 전주시 완산구 중화산동인데 그것은 중산동과 화산동이 합쳐진 이름이다. 도로명으로 주소가 바뀐 후에는 중화산동보다 선너머로가 공식화되었다. 동네 이름과 도로명이 선을 넘는다는 뉘앙스는 묘한 궁금증과 약간의 부정적인 선입견을 주었다. 다른 이에게 말하거나 불러줄 때 되풀이해야 하는 성가심도 있었다.

"어디 사요?"라고 물어서 "선너머 살아요."라고 말하면 "산 너머 산다고라우?" 하며 되물었다. 전화상으로 전달할 필요가 있을 때는 "아니요. 산 너머 아니고 선너머요. 38선 할 때 선요. 그 선 너머에 살아요."라고 짚어야 했다.

"궁금하면 500원."이라는 우스갯소리도 있지만, 세상에는 돈을 내고도 해결되지 않은 일이 있다. 선너머도 그랬다. '산 너머면 산 너머지 대체 왜 선너머일까?' 분명히 어떤 내력이 있을 것 같았는데 쉽게 답을 얻지 못했다.

은퇴 후에 글을 쓰기 시작했다. 딴에는 길고 지난했던 삶을 돌아보고자 했다. 본의 아니게 억눌렸거나 가라앉은 기제가 무엇이었을지 성찰하고 싶었다. 더 바란다면 내가 사는 지역의 역사와 문화, 사람 사는 이야기도 조명해 보고 싶었다. 마을 이름의 유래도 포함해서다. 그렇다고 큰 기대는 없었다. 이 동네가 예전엔 도시 변방이었고 한때 신도시였다가 또다시 변두리로 밀리고 있는 실정이 아니던가. 토착민보다 유동 인구가 더 많다는데 무슨 특별함이 있을까 반신반의했다. 구체적 계획도 없었다. 시간 나는 대로 이곳저곳을 서성거려 보고 메모 몇 줄에 각이 틀어진 사진이나마 찍어보리라 작정했는데 어느 순간 옷깃을 여미게 하는 장면들과 맞닥뜨렸다. 소소하지만 훈훈한 미담을 전해 들을 수 있었고 애국과 충절의 역사가 깃든 흔적을 접했다. 교육과 문화의 터전이 시끄러운 자동차 소음과 무심한 인파 속에 공존하고 있음을 알았다.

한 어르신에게 다가교 이름과 관련한 일화를 들었다. 전주천을 가로질러 구도심과 신도시를 연결해 주는 이 교량의 이름은 질곡의 역사와 함께 여러 번 바뀌었다. 일제강점기 이전까지 흙다리여서 장맛비가 내리면 떠내려가기 일쑤였다. 큰물만 지면 유실된 다리 공사에 화산 너머에서 닭을 키우던 박 씨가 닭 판 돈을 희사해 복구했다. 그 공을 인정받아 참봉이라는 벼슬을 얻었고 사람들은 이 다리를 박참봉다리라고 했다. 실제 기록을 본 건 아니었지만 설령 그것이 민간설화라 할지라도 가슴이 따뜻해졌다.

다가교 근처에는 화살을 쏘아 버들잎을 뚫는다는 뜻의 천양정 국궁 터가 건재하다. 화살로 과녁을 맞히면 명궁이요, 과녁 너머 버들잎을 꿰뚫으면 신궁이라는 말이 실감나는 곳이다. 이곳의 경치는 또 '다가사후多佳射侯'라 하여 완산 8경 중의 하나로 전한다. 이팝나무꽃이 흩날릴 무렵 다가천변에서 활을 쏘는 궁사의 모습이 아름답다는 뜻이다. 그런가 하면 선너머 고갯길엔 이순신 장군과 전적을 세우고 38세의 젊은 나이로 산화한 이영남 장군의 사당이 있다. 사당의 이름은 선충사이다.

또 중화산동은 미국 남 장로교 선교사들이 호남지방의 선교를 시작한 곳으로 예수병원과 선교사 묘역, 의학박물관이 있다. 박물관은 자그마하지만 120여 년이 넘은 호남선교와 예수병원의 역사, 의학 및 의료 장비의 변천사를 돌아보게 했다. 선교사들은 화산 비탈에 신교육기관인 신흥고등학교나 기전여자고등학교를 세웠다. 이 두 학교 학생들은 신사참배를 거부했고 1919년에는 3 · 1운동에 앞장을 섰다. 지금도 후배들이 그 애국정신을 이어가고 있다.

골목 골목을 찾아보면서 유홍준 미술사학자가 『나의 문화유적 답사기』에서 "아는 만큼 보이고, 보이는 만큼 느낀다."라고 했던 말을 실감했다. 곳곳에 나름의 투철한 시대정신이 담겨 있고 사람살이의 가치와 철학이 스며 있어 한 장면씩 말을 걸어보고 싶은 의욕을 느꼈다.

무엇보다 발품을 판 덕분으로 선너머에 대한 명칭의 실마리도 찾았다. 화산체육공원 입구 화산서원비를 마주하면서였는데 이 화산 기슭이 요즘말로 학교군이 형성되었던 곳이었다. 국공립학교 격인 향교가 200여 년간 머물렀는가 하면 향교를 옮긴 후에 사립학교 격인 화산서원華山書院을 세웠다. 그 옆에는 대학 기관 정도의 희현당希賢堂도 있었는데 지금의 신흥고등학교는 그 희현당 터에 개교하였다.

서원은 선조 11년 봄에 세워 문원공文元公 이언적李彦迪, 문충공文忠公 송인수宋麟壽를 모셨다. 효종 9년에 사액을 받았지만, 흥선대원군의 서원철폐령으로 고종 6년에 헐리고 말았다. 남아있는 서원비는 사액을 기념하여 세웠다. 현종 5년에 왕명으로 조선 시대 대학자인 송시열이 글을 짓고 송준길이 글씨를 썼다. 하지만 서원 터가 명당이라는 풍수지리설을 들어 이완용이 선현의 위패를 모신다는 명분으로 자리마저 빼앗았다. 현재는 서원비만 중화산동 2가 산 13번지 비탈길에 외롭게 서 있다. 마치 이 근처가 선비들이 글을 읽던 학문의 전당이었음을 말해 주기라도 하듯이.

덕분에 선너머는 미래의 동량지재를 육성했던 화산서원 너머에 있는 마을이라는 레토릭을 품고 있음을 알게 되었다. 화산서원 너머에 있는 마을, 서원 넘어가는 길 등이었다가 서원 너머에서 선너머로 고착된 줄임말인 셈이었다. 아이러니하게도 선 너머의 선은 '면 위에 길게 그어 놓은 금이거나 점이 연속적으로 이어져 이루어진 자취' '일정한 기준이나 표준의 범위'가 아니었다. 물론 건축가 안토니오 가우디가 "직선은 인간의 선이고, 곡선은 신의 선이다." 라고 했던 것과도 달랐다. 내가 가졌던 선입견처럼 어떤 부정적인 사유의 선 너머도 아니었다.

요즈음 말을 줄이는 신조어가 속출하는데 오래전에도 이렇게 신박하게 표현했음이 놀라웠다. 1910년대 주시경 선생이 만들었다는 『말모이』 사전과 영화 「말모이」가 떠올랐다. 선너머라는 단어를 그 사전에 올리면 어떨까 상상해 보았다.

러시아 말에는 '선 너머'가 '삐끗하다'라는 의미도 있다고 한다. 탈선이나 부정의 의미가 아니고 예술의 경지로 가는 분기점으로 일컫기도 한다고 들었다. 마음에 켕겼던 마을 이름이 선조들의 기지에서 발현한 것이었음을 깨달으며 선너머 마을에 살면서 예술의 경지로 '삐끗' 넘어가는 긍지 하나를 키우고 싶다.

찢청 입은 의사를 보며

몇 달 전부터 왼쪽 어깨에 통증이 생겼다. 괜찮아지겠지 하며 차일피일 병원행을 미루다가 나의 오랜 지기知己 옥 선생이 다닌다는 P 정형외과에 들렀다. 의사는 근육이 뭉쳤다면서 몹시 아픈 주사를 놓고 처방전을 써 주었다.

"이것은 소염제고요, 하얀색 타원형 약은 근육 이완제입니다. 노란색 약은 위장약이고, 초록색 약은 소화제입니다." 3일 동안 복용할 약을 건네주며 약사는 꿈틀거리는 굵은 숯검정 눈썹 선으로 말하는 듯했다.

병원과 같은 건물에 있는 약국 문을 열고 나서는데 내 눈을 의심할 만한 광경이 펼쳐졌다. 조금 전 P 정형외과에서 만났던 의사가 길 위에 서 있었다. 진료실에서 보았던 모습과는 딴판이었다. 키는 보기 좋게 컸고 얼굴빛은 희었다. 진한 먹색의 라운드 면 티셔츠에 비슷한 컬러의 데님 스타일 바지로 짝을 맞췄다. 더구나 먹색 데님 바지는 무릎 아래쯤이 가로로 길게 찢어져 있었다. 일부러 생 천을 절개한 후에 해지게 만들어서 자연스러움을 가장하였다. 일탈한 씨실과 날실들이 투덜거리듯 너슬거렸다. 시쳇말로 까칠한 도시 남자 한 사람이 떡 버티고 서 있었다. 그 모습이 낡고 허름하기보다는 고급스럽고 준수한 차림에 탄탄함까지 느껴졌다.

병원 안에서 보았던 그는 분명 늙수그레했다. 연한 파란색 수술복 바지와 흰 가운 때문일 수도 있었다. 후줄근하다고까지는 말할 수 없어도 막대기에 끼워 놓은 것처럼 휘휘 겉도는 바지통이 조금 볼품없기도 했다. 하얀 가운도 훌렁훌렁하게 보였다. 얼굴은 갸름한 편이었는데 팔자 주름이 선명했다. 높게 올려 걸어놓은 의사면허증을 보니 1959년생이었다.

그런 그가 보도 위에서 움직일 때마다 그의 무릎과 정강이 부근 벌어진 틈새로 하얀 속살이 얼비쳤다. 마치 "뭐 어때, 나 좀 봐줄래? 멋지지 않니?"라고 뻐기는 듯했다. 연갈색 가죽 샌들 사이로 드러난 뽀얀 발가락들이 시원하고 경쾌해 보였다. 한 손으로 들러멘 검은색 백 팩 속에는 하루의 성취가 만족스럽게 담겨 있는 것 같았다. 그대로 자전거에라도 올라타 어디론가 홀가분하게 떠날 것 같은 태세였다. 그러기 전에 만나기로 한 지인이 있었던지 그는 반대편 길에서 차도로 질러오려는 사람을 향해 외쳤다. "누가 무단횡단하라고 했어?" 목소리도 우렁찼다. 차림새와 장소가 사람을 이렇게까지 달리 보이게 하다니.

퇴직을 앞두고 있을 때였다. "그만두면 뭐할 거냐?"라고 불쑥불쑥 물어 오는 사람들이 있었다. 나름 선의를 전제하고 질문했지만 내심 좀 곤혹스러웠다. 그런데도 돌아서서 '그래 너 뭘 하고 싶니?'라고 자문해 본 적이 있었다. 그때의 내 대답은 '자유로워지는 거야, 너덜너덜하게 해진 청바지를 입고 당당하게 거리를 활보해 보겠어.'라는 묘한 소망 하나가 떠올랐다. 그것은 버킷리스트까지는 아니어도 요술램프에 갇혀있는 '지니' 정도는 되었다. 마음속에 꼬깃꼬깃 구겨진 채 억눌려 있었지만 언젠가는 세상으로 나아가 스멀스멀 피어오르고 싶은 욕구 같은 것이었다. 그런데 오늘 길 위에서 우연히 나의 페르소나를 보았다.

유대계 독일인이었던 리바이 스트라우스Levi Strauss가 처음 제작하였다고 전해지는 청바지. 스트라우스는 1850년대 미국 캘리포니아주州에서 금광이 발견될 무렵 텐트나 천막에 사용되는 원단 제작 사업을 하고 있었다. 그런데 직원의 실수로 염색이 잘못되어 납품을 거절당했다. 대량의 원단을 몽땅 재고로 떠안게 된 그는 실의에 차서 술집에 들렀다. 그때 광부들이 여기저기서 해진 바지를 꿰매는 모습을 발견하였다. 문득 질긴 천막 천으로 바지를 만들면 잘 닳지 않을 것이라는 아이디어가 떠올랐다.

그렇게 탄생한 청바지는 무겁고 신축성이 없다는 단점이 있었음에도 질기고 튼튼하다는 이점으로 남녀노소에게 사랑받으며 전 세계로 퍼져나갔다. 이 과정에서 다양한 색상이 개발되었고 천의 두께가 얇아졌으며 신축성까지 좋아졌다. 바지통은 넓어졌다, 나팔이 되었다, 스키니 스타일이 되기도 하였다. 갖가지 장식과 로고와 스티치로 개성을 드러낸 청바지는 취향을 넘어 유행되었고, 트렌드를 지나 문화가 되었다. 언제부턴가는 옷감이 잘 해지지 않아 싫증이 났던지 찢거나 닳게 하는 정도가 거의 해체 수준에 이르렀다. 땅에 떨어진 벼이삭 한 톨도 귀하게 여기던 기성세대가 보면 "호강에 겨워서 요강에 코 박은 격"이라 할 것 같다. 하지만 나는 언젠가 이런 부류에 한 번 휘말려 보고 싶었다.

우리나라에 청바지가 들어온 것은 한국전쟁 중 주한미군을 통해서라지만 내가 자라나던 1960년대 시골에서는 청바지를 쉽게 볼 수 없었다. 다만 신문물이 들어오기는 했다. 이를테면 내 친구 청희는 할아버지 집에 살면서 나와 같은 초등학교에 다녔다. 막 철이 들기 시작하던 4학년 때 우리는 같은 반이었다. 그 아이의 집은 읍내에 있었다. 우리 집과 고작해야 4킬로미터 정도 떨어진 곳이라 뭐 얼마나 수준 차이가 났겠나 싶지만, 실제로 읍내와 변두리 촌 동네 아이의 차이는 현격했다.

우리와 다른 청희의 입성은 서울에 산다는 부모님이 보내준 거라고 했다. 넓게 맞주름이 잡힌 빨간색 모직 체크무늬 주름치마가 참 예뻤다. 등 뒤에서 X자로 교차하는 멜빵이 인상적이었다. 둥근 칼라에 레이스 달린 하얀 블라우스가 눈부셨다. 무릎 밑에 살짝 도달한 긴 양말과 무릎 위까지 오는 스커트가 깜찍했다. 리본이 달린 빨간 구두는 황홀할 지경으로 청희는 동화 속 주인공 같았다.

내 옷은 어머니가 직접 만들어 준 옷들이 대부분이었다. 특별한 불만은 없었지만, 정강이까지 치렁치렁 내려오는 꽃무늬 포플린 치마가 자신감을 불러일으키지도 않았다. 한번은 이런 일이 있었다. 자투리 옷감이 남았던지 어머니는 살구색 융 소재로 멜빵바지를 만들어 주었다. 이것을 입고 학교에 갔는데 아이들이 깔깔깔 웃어젖히며 "할머니 같은 옷"이라고 떠들어댔다.

그나마 그 옷들은 얼마 지나지 않아 무릎이나 엉덩이 부분이 낡고 닳기가 다반사였다. 그러면 어머니는 조각 천을 덧대어 기워 주었는데 그때마다 나도 모르게 어떤 부끄러움이 한 켜씩 쌓였던 것 같다. 지금 생각하면 어머니가 손수 지어 준 그야말로 사랑과 정성이 가득한 핸드메이드였는데. 그때는 참 철이 없어서였던지 몰라도 한참 몰랐다.

내가 P 의사처럼 찢어진 청바지를 입어 보려는 까닭은 어울리지도 않는 패션이나 흉내내 보고 싶어서가 아니다. 남들에게 어떻게 비칠까 두려워 안으로 감추고, 혹시라도 드러날까 무서워 잽싸게 쑤셔 박았던 어린 날의 감정을 새로이 성찰해 보고 싶은 것이다. 명분뿐인 염치를 챙기느라 자신을 굳건하게 세우지 못했던 어리석음을 되돌아보고자 함이다. 더이상 그런 일로 주저하거나 낭패스럽지 않아도 된다고 이제라도 자신을 다독여주고 싶어서이다.

내 꿈은 조 선생

누군가가 물었더란다.

"커서 뭐 될래?"

"저요? 조 선생 될래요."

"아야, 김 씨가 어찌 조 선생이 된다냐? 너는 김 씨니까 김 선생이 되어야지."

현문우답賢問愚答이었을까? 덕분에 좌중들은 박장대소했다고 한다. 몇 해 전 가을날 고향에 갔을 때 칠순의 이모가 들려준 이야기다.

"니가 어렸을 때 동네 사람들한테 조 선생 된다고 했어."

전혀 기억이 없다. 하지만 그렇게 말했다면 이 쑥스러운 이야기는 초등학교에 입학하기 훨씬 전이었을 것이라고 우겨본다.

조 선생님은 고향 마을에 살았던 실제 인물이었다. 보통 키의 동실동실한 몸집에 머리는 짧게 파마했었고 얼굴은 둥글넓적하였다. 중년을 훌쩍 넘긴 목소리는 걸걸하였다. 남편은 6·25 전쟁에서 전사했다고 들었다. 그 보상으로 교육대학 출신도 아닌데 교사가 되었다는 설도 있었다. 하지만 어떤 합당한 자격을 거쳤을 것으로 유추된다. 가르칠 실력이 없다는 둥 수완이 좋아서 1학년 담임만 맡는다는 뒷말도 따라다녔다.

초등학교에 다니는 동안 조 선생님이 나의 담임을 한 적은 없다. 그저 학년 초 애향단을 조직할 때나 마을 꽃길을 조성한다고 코스모스 모종을 옮겨 심을 때 담당 교사로 한두 번 정도 만날 수 있었다. 자상하거나 끌림이 있었던 것 같지도 않다. 그런데도 내 꿈에 강림했음은 어린애에게도 어필하는 매력이 있었지, 싶다. 아니면 산골 동네에 모델을 삼을 만한 인물이 드물었던 탓일지도 모른다.

우리 마을에는 한옥으로 지어진 원불교 교당이 있었다. 잘 가꿔진 아담한 정원과 본당 외에 두어 채의 부속 건물도 있었다. 조 선생님의 집은 원불교 마당을 거쳐서 들어가면 또 대문이 나타나는 별당 같았다. 비밀의 정원으로 들어가는 듯한 특별함이 있었다. 그는 그곳에서 장성한 두 딸과 살았던 것으로 어렴풋이 기억난다.

'교사가 되어도 좋겠다.'라고 얼핏 꿈꾼 적은 중학교 시절이었다. 『탈무드』에서 랍비 요한나 벤 자카이를 만났을 때였다. 로마가 유대 민족을 말살시키고 최대의 정신적 위기로 몰아넣은 게 기원후 70년부터였다. 이때 가장 크게 활약했던 벤 자카이라는 랍비가 있었다. 그는 자기 민족이 멸망하지 않고 영원히 살아남을 수 있는 길을 골똘히 연구했다. 그리고 로마의 유력한 장군을 찾아갔다. 그 장군에게 "당신은 황제가 될 것이다."라고 예언했다. 장군은 "황제를 모독했다."라며 표면상으로 버럭 화를 내다가 벤 자카이에게 자기를 찾아온 목적을 말하라고 했다. 벤 자카이는 "딱 한 가지 소원이 있다."라며 그것은 "한 칸의 교실이라도 좋으니 조그만 학교 하나만 지어 주고. 그리고 그것만은 없애지 말아 달라."고 부탁했다.

그의 예언대로 장군은 황제가 되었고 황제는 유대의 "작은 학교 하나만은 절대로 없애지 말라."며 대수롭지 않게 명을 내렸다. 벤 자카이는 예루살렘이 로마에 점령될 것을 예견하고 있었다. 하지만 학교만 있으면 자기 민족의 전통은 이어져 갈 수 있다고 확신했다. 그가 바란 대로 그 학교에 있던 랍비들이 민족의 지식과 전통, 신앙은 물론 유대의 얼을 지켰다. 전쟁이 끝난 뒤에는 생활 규범까지도 앞장서서 선도했다.

이 글을 읽었을 때 학교가 오늘날 유대 민족을 전 세계에 우뚝 서게 만든 중요한 근간이었다는 것을 깨달았다. 그리고 랍비처럼 좋은 교사도 꼭 필요한 존재라는 것을 수박껍질 맛으로나마 느꼈던 적이 있었다.

말이 씨가 되었던지, 무의식중의 자성예언이었던지 나는 정말

교사가 되었다. 동네 어른들의 말대로 조 선생이 아니고 김 선생이 되었다. 하지만 처음에는 실감이 나지 않았다. 누가 선생님이라고 부르면 날 불렀을까? 대답할 자신감이 없기도 했고 대답 대신 돌아보기만 했던 적도 있었다. 왜냐하면 선생님이라면 요샛말로 '최애'의 존재였다. 나에게도 그런 은사님이 대부분이었고 높고 귀한 존재로 자리 잡고 있었기 때문이었다. 감히 선생님이라는 호칭을 받아들여도 되나 스스로 반문하기도 했다.

1983년 봄, 나는 강진 J 중학교 1학년 1반 담임이었다. 첫 소풍을 하는 날이었다. 가장 먼저 출발하는 학급의 맨 앞에서 걷는 인솔자였다. 아이러니하게도 그때는 군사정권 시대여서 소풍의 명칭도 행군으로 바꿔 부르던 때였다. 그러거나 말거나 학생들은 교실을 떠나는 홀가분함에 날아가고 있었다. 날개 없이도 붕붕 뜨는 재주를 가진 귀재들이었다. 뒤에서는 학생부 선생님이 "오와 열을 맞추라."라고 고함을 쳐댔다. 천천히 가라고 호루라기를 "빽, 빽" 불어대기도 했다.

신출내기 교사는 땀을 삐질거리며 앞뒤로 뛰어다녔다. 군사훈련 같은 구령에 장단도 맞춰야 할 것 같고, 하늘 끝까지라도 솟구칠 것 같은 행렬의 기분도 조절해야 할 것 같았다. 속된 말로 바짓가랑이가 찢어지고 운동화 한 짝이 벗겨진다 해도 모를 지경이었다. 중학교 1학년 학생들의 걸음이 이렇게 빠를 수 있을까? 놀랄 지경이었다. 뒤에서 아무리 호통을 치고 호루라기 신호로 겁을 주어도 울타리 없는 운동장에 풀어진 자유로운 영혼들은 아랑곳하지 않았다. 그냥 걷는 것 같은데 앞서서 갔다는 이유로 뒤에 따라오던 학급과는 한참 차이나게 돌진하고 있었다. 덕분에 그때까지 간직하고 있던 소풍에 대한 나의 고정관념은 길을 잃었다. 설레고 즐거웠던 추억이 리얼 삶의 현장으로 바뀌었다. 그것이 교사의 소풍이었다. 나는 선생일까? 라고 주저할 틈이 없었다.

3월 말이나 4월 초에는 가정방문을 하는 월중행사가 있었다. 사나흘 정도의 일정이었다. 집집이 방문하여 학생의 학교 밖 생활을 이해하는 것이 목적이었다. 오전 수업이 끝나면 길라잡이 학생 한두 명과 마을별로 찾아갔다. 부모님과 상담하고 공부방 여부 징도를 살폈다. 부모님이 일터에 나가서 없기도 했는데 그럴 때는 집에 남아 있던 조부모들을 만날 수도 있었다. 아껴두었던 달걀 한두 개를 쪄서 인정으로 내놓기도 했고, 보리 잎을 넣은 백설기 한 조각을 챙겨주기도 하였다.

가정방문을 마치고 돌아가던 까치내鵲川 들판은 봄빛이 완연하였다. 봄빛 먹은 보리밭은 내륙 깊숙이 파고든 강진만과 잇대어 푸른 물결로 넘실거렸다. 그 위로 발그레한 석양빛이 무르익었다. 가슴속으로 파고드는 뜻 모를 헛헛함을 경계하려고 조선 시대에 이 고장으로 유배당했던 다산 정약용 선생을 감히 떠올려 보았다. 18년 동안 딱한 현실 속에서 어떤 마음으로 저 노을빛을 바라보았을까?

「돌담에 속삭이는 햇발」을 노래했던 시인 김영랑은 또 시대의 어떤 아픔을 아로새기며 저 광경을 맞이했을까? 객지 생활의 위안거리를 이리저리 궁리하면서 방천길로 가고 있는데 뒤에서 부르며 다가오는 이가 있었다. 어깨에 걸쳤던 괭이를 황급히 내려놓고는 두 손을 내밀어 내 손을 부여잡았다. 투박하고 거친 촉감이 뼛속까지 스몄다.

"저 성인이 애비 되는 사람입니다. 우리 성인이 잘 부탁드립니다."

허리를 깊숙이 굽혀 절하였다. 자식의 선생이 왔다는데 행여 못 만날까 봐 들판에서 황급히 달려왔던 아버지! 뉘라서 중년의 어른이 선뜻 손을 내밀고 고개 숙여 정중히 인사한단 말인가. 뒷머리를 쿵 맞은 것 같았다.

성인이 아버지를 만난 후로 교사에 대한 환상이나 껍데기는 버렸다. 자신감이 있든 없든, 유능하든 그렇지 않든 그것은 별개의 문제였다. 아무나 벤 자카이처럼 훌륭한 선생님이 될 수 있거나 민족의 얼을 지켜낼 수 있는 일도 아니었다. 조 선생이든 김 선생이든, 밥줄에 전전긍긍하든 존경의 대상이든 학생이 바라보는 선생, 학부모가 기대하는 교사는 어쩌면 또 하나의 페르소나일지도 모른다.

교직에 근무하던 동안 슬프거나 기쁘거나 잠들 때나 깨어 있을 때나 나는 늘 성인이 아버지를 생각하며 마음을 다잡았다.

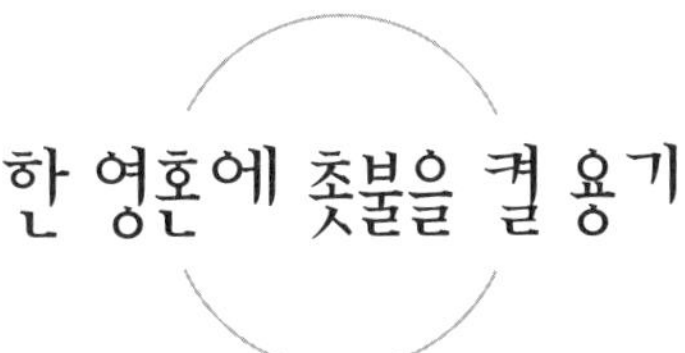

한 영혼에 촛불을 켤 용기

"한 촛불이라도 켜는 것이 어둡다고 불평하기보다 낫다

(It is better to Light a single candle than to complain of the darkness)."

1960년, 펄 벅Pearl Sydenstricker Buck이 공초空超 오상순吳相淳의 명동 청동다방을 방문했을 때 사인북에 적은 말이다. 우리나라를 대단히 사랑했던 펄 벅이 남긴 이 메시지를 임헌영의 『수필 쉽게 쓰기』 강의에서 처음 들었다. 순간 가슴속에 어떤 심지 하나가 반짝했다.

그 이후 오래전에 읽었던 『대지The Good Earth』를 다시 펼쳐보았다. 희미하나마 느낌 조각 여럿이 남았는데 그중 하나는 메뚜기에 대한 기억이었다. 주인공 왕룽의 대지엔 때때로 가뭄, 홍수 등의 재앙이 닥쳤는데 어떨 때는 메뚜기 떼가 창궐하기도 했다. 그것은

"어느 날 남쪽 하늘에 작고도 가벼운 구름으로 나타났다. 처음에는 바람에 나부끼는 구름처럼 이리저리 흐르지도 않고 조그맣게 안개처럼 조용하게 지평선에 걸려있더니 이윽고 부채 모양으로 퍼졌다."

사람들은 그것이 남쪽에서 들이닥친 메뚜기떼라는 걸 알았다. 그래서 한편은 "자, 우리들의 밭을 위해 하늘에서 오는 적과 싸웁시다!"라며 퇴치에 나섰다. 다른 한쪽은 그것은 천명이니 싸워봤자 헛수고라고 체념했다. 사당에 가서 지신께 빌기도 하고 백방으로 노력해 보았지만 "메뚜기 떼는 하늘 가득히 퍼지면서 지상을 덮었다." 그것들이 훑고 간 밭은 "겨울 밭처럼 벌거숭이"가 되고 말았다.

메뚜기 떼가 실제 그 정도로 들판을 초토화했다면 얼마나 무섭고 흉흉했을까? 소설에 나타난 풍경을 그려 보다가 내 추억 속 메뚜기를 떠올려 보았다. 가을 들판에 톡톡 튀어 오르던 곤충. 벼잎이나 조금 갉아 먹고 마는 정도로 친근하거나 우호적이어서 해충이라고 여긴 적이 없었다.

'설마 그 작은 곤충이 들판을 다 먹어 치웠을까? 메뚜기는 절대 인간에게 해를 끼칠 개체가 아니야.'라거나 '혹시 작가가 다른 곤충을 메뚜기로 착각했을까? 번역상의 문제였을까? 소설은 허구니까 상상의 곤충 떼를 도입했을까?' 별의별 억지스러운 추측을 했던 적이 있었다.

'아는 만큼 보인다.'라는 평범한 진리처럼 『미국 문학기행』 강의를 통해 그 유아적인 의문이 풀렸다. 작가와 작품에 대한 퍼즐이 하나둘 맞춰졌는데 내가 인지했던 대지는 큰 땅덩어리 'The Great Earth'였던 것 같다. 하지만 그것을 훨씬 능가하는 'The Good Earth'라는 걸 알았다. 작품을 완성했을 당시 작가가 정한 제목은 『왕룽』이었다. 펄의 새로운 남편이기도 했던 출판사 대표 월시가 수정할 것을 제안해서 『대지』라는 제목이 탄생했다.

그다음은 미국인이 중국 배경의 소설을 어쩌면 이토록 실감나게 썼을까의 답을 얻었다. 펄은 선교사인 부모와 생후 3개월 때 시장 바구니에 담겨 중국에 갔다. 보모이자 가정교사인 왕王 노파에게 양육되면서 자연스럽게 중국 문물과 관습에 친숙해졌고 동양 사상도 익혔다. 1900년 그의 나이 8세 무렵에는 국무장관 존 헤이와 그 주요 부관보다도 중국의 언어, 문학, 풍습에 해박했을 정도였다. 그러면서 가치관도 정립되었을 터였다.

펄은 25세에 존 로싱 벅John Loosing Buck이라는 전도사와 혼인했는데 바로 후회했다. 로싱과 펄의 지적 수준 차를 이유로 부모님이 반대했는데 그 이유를 결혼하자마자 깨달았다. 또 그녀는 순수한 신앙 전도를 꿈꾸었지만, 남편은 복음보다 농민 경제 향상에 더욱 관심을 가졌다. 둘 사이에 첫딸을 낳았는데 아이는 페닐케톤 요증(PKU, phenyl ketonuria)이라는 장애가 있었다. 거기다가 펄 벅은 자궁종양으로 임신을 할 수 없게 되었다. 26세 때 집 앞에서 폭동을 겪기도 했는데 그 무렵 문학에 대해 꿈꾸었고 31세 때부터 산문을 쓰기 시작했다. 농촌 부흥에 관심이 많던 남편과 5년간 북부 지방을 답사하기도 했다. 그때 작품 구상이 이루어진 셈이었고 마침내 소설로 성공하기에 이르렀다.

소설 『대지』가 발표되자 미국에서는 북클럽 도서로 선정되었다. 하지만 루쉰은 가난을 적나라하게 드러낸 리얼리즘 묘사 등 제국주의 관점의 백인 우월주의라 비판했다. 루쉰의 평을 듣지 않고도 재미교포 강용흘姜龍訖Younghill Kang은 부자들의 미성년자 축첩 행위 등 중국인 품성을 도덕적으로 비하했다고 한때 부정적이기도 했다. 선교사들도 비판에 동조했는데 펄 벅은 내가 가공한 게 아니고 직접 듣고 본 청나라 왕조 말기의 시대상 자체라고 응답했다. 그녀는 사실 의화단 폭동을 목격했고 국민당의 난징 공략 때는 일본 나가사키로 피신하기도 하는 등 파란만장한 여정을 거쳤다. 험난한 역사를 몸소 체험한 경험자였기에 허구지만 탄탄하고 당당한 플롯으로 작품을 완성해 내지 않았을까. 덕분에 『대지』는 펄의 나이 마흔여섯 살 1938년 12월에 노벨문학상 수상을 했다.

작가가 걸어온 길을 살펴보면서 먼 그리움을 회상하듯 소설의 스토리라인을 다시 추슬러 보았다. 소설의 발단은 어느 봄 왕룽의 혼인날에서 비롯한다. 주인공은 콜록거리는 기침으로 하루를 여는 아버지와 살았는데 스무 살이 되어서야 읍내 지주의 하녀인 오란과 혼인한다. 겨우 친인척 몇 사람과 옆집 사람을 불러 저녁 식사를 나눈 정도였지만, 아들 둘을 낳을 때까지 부부는 억척스럽게 땅을 일구고 가꾼다. 이들은 고집이 세고 우직했지만, 대지를 생명처럼 여기며 정직하게 살았다.

하지만 셋째 딸을 낳을 무렵 불행의 전조가 나타난다. 두 해 동안이나 무지막지한 가뭄이 들어 아끼던 소까지 잡아먹었는가 하면 넷째 딸을 낳은 후 오란은 어린것의 목을 졸라 죽이기까지 했다. 굶주림으로 더는 견딜 수 없자 처절하게 울부짖으며 일가는 살길을 찾아 남쪽 지방으로 향했다.

객지에 다다른 그들의 삶은 기구했다. 왕룽은 인력거를 끌었고 다른 가족들은 구걸로 연명했다. 그러던 어느 날 혁명이 일어났고 그 무리에 휩싸인 왕룽과 오란은 부잣집을 터는 데 동참했다. 금은보화를 잔뜩 얻어 귀향하는데 다시 땅을 확보해 지주가 되고 오란은 남녀 쌍둥이까지 출산했다.

그렇게 생활이 윤택해지고 삶이 안정되자 삼촌네 가족이 밀고 들어와 기숙했다. 왕룽은 렌화라는 여인을 첩으로 들였다. 큰아들이 문제를 일으키기도 했는가 하면 메뚜기 떼도 출몰했다. 설상가상으로 힘든 역경을 견디며 살아온 오란은 병을 얻어 죽었다.

끊임없는 풍파 속에서도 왕룽의 재산은 늘어났다. 아내의 주인이었던 황 씨네 저택으로 옮겨 살게 되었고 근방의 최고 지주가 되었다. 큰아들은 원하던 서양 학문을 수확했고 둘째는 곡물 상인이 되었다. 손주도 스무 명 남짓이나 태어났다. 왕룽은 모든 게 땅이 있어서 가능하다고 여겼지만, 신식 문물을 접한 아들들의 속셈은 달랐다. 아버지 사후에 땅을 팔아 재산을 나눠 가질 것만을 고대했다. 자식들의 그런 생각을 알아차리지 못한 채 왕룽은 목숨처럼 여기던 대지의 품에 안겼다.

소설은 1930년대 중국 여성의 지위와 삶도 엿볼 수 있는데 그 한 예로 왕룽은 아내가 못생겼거나 전족하지 않았음을 보고 낙심한다. 하지만 나는 그녀가 전족하지 않아서 다행이라 여겼다. 삶에서 발생하는 온갖 시련과 사건 대부분을 여성의 모성애나 희생으로 감내했는데 발까지 옭아맨 상태였다면 너무 가혹한 처지였을 것 같다.

왕룽은 부자가 되면서 '말 타면 경마 잡히고 싶다.'라는 속담처럼 호의호식에 축첩까지 하여 오란을 힘들게 했다. 아내가 병을 얻어 죽음에 이르게 되자 뒤늦게 땅을 다 팔아서라도 살리고 싶다 했다. 그제야 아내를 향해 "진정한 대지의 주인은 당신"이었노라고 중얼거렸다. 갖은 고난과 역경, 시대의 변화를 거치면서도 그는 "우리는 땅에서 태어났어. 그리고 다시 땅으로 돌아가지 않으면 안 된다. 땅을 갖고 있으면 살아갈 수 있다."라며 철통 같은 철학과 가치관을 고수했다. 하지만 새로운 시대에 당면한 손자들은 할아버지를 "머리가 낡은 노인"이라고 경멸했다. "할아버지 혁명이 일어나고부터는 아무도 사서 따위는 공부하지 않아요."라고 말하며 격한 시대 차를 드러냈다.

주인공들의 삶 속에 펄은 자신의 의지를 투영하기도 했는데 장애가 있는 자기의 딸을 오란의 첫딸로 대입했다는 의견도 있다. 주인공들의 성격 묘사와 리얼한 생활 모습에서는 인간과 자연에 대한 애정 어린 시각을 오롯이 느낄 수 있다. 펄은 이방인 선교사였지만 누구보다 중국을 제대로 꿰뚫어 본 휴머니스트였다. 중국의 전통적 가치 체계와 근대화 사이의 갈등이 아들과 손자 세대로 갈수록 심화하기도 했고 삼촌과 그 일족은 안티테제로 얽히고설키는데 펄은 이런 갈등과 화해를 조화롭게 이끌었다.

우리나라를 방문한 펄 벅이 "한 촛불을 켜는 것"에 대한 메시지를 남긴 건 그 시대 문인들의 각성을 위한 일성이었다고 전해진다. 하지만 누구라도 글을 쓰고자 하는 이가 용기 낼 수 있는 든든한 어록임도 새삼 느껴보며 그녀의 소설 『대지』를 가만히 품어보았다.

왕족의 이름처럼

초등학교 3학년쯤 되었지 싶다. 새로운 난이도의 학습이 가능하다고 판단했을까. 아버지가 "네 이름은 물가 숙이야."라고 알려 주었다. 그리고 네모 칸 공책에 삐침과 파임, 가로획과 세로획들을 순서대로 나열하였다. 완성한 글자는 쇠 金, 물가 淑이었다. 나는 뭔가 질문하고 싶었지만, 기회를 놓치고 말았다. 그저 아버지가 적어 준 이름을 새로 받은 화두처럼 뇌이며 방바닥에 엎드려 쓰기 시작했다. 책상에 앉아서도 외우고 눈을 감고도 말했다. "물가 숙, 물가 숙, 물가 숙…."

물가 숙을 떠올리면 물이 흐르는 시냇가가 연상되었는데 기분이 나쁘지 않았다. 시냇물은 봄, 여름, 가을, 겨울 하냥 흐르지만, 아버지가 일러 준 물가는 왠지 버들강아지가 피어나는 봄날의 냇가로 나를 이끌었다. 흘러가는 물소리는 공명이 잘된 타악기 소리 같았다. 그 곁 들판엔 나물 캐는 아이들의 웃음소리가 번졌다. 농부들은 밭을 갈며 희망에 찼고 온 세상은 생기발랄했다.

중학생이 될 때까지 내 이름의 의미는 아버지의 의지가 담긴 '물가'였다. 1학년 어느 날 담임선생님과 면담이 있었다. "한자 이름이 맑을 숙이구나. 한 글자여서 외롭지 않겠니? 맑음이라…. 맑음이라고 하면 어때 발음하기도 수월한데?"라고 반농담처럼 말했다. 그리고 선생님이 부를 때는 "말금아"라고 부르기도 하였다. 그때 알았다. 한자어 淑은 水(물 수)와 叔(아재비 숙)이 결합한 형성자라는 것을. 또 국어사전은 '맑다'나 '깨끗하다'를 물이 아닌 '사람의 성품'이라고 풀이하기도 했다.

그러고 보니 내가 알던 '물가 숙'은 맑다거나 깨끗하다, 착하다. 어질다. 얌전하다. 아름답다. 등등의 뜻을 품은 글자였다. 아버지가 들려줬던 물가는 없었다. 그냥 글자를 쉽게 익히라고 삼수 변(氵)을 물가로 풀어서 가르쳤나 보다 여겼다. 그러면서 작명은 정성이 반이라는데 딸을 바라보는 아버지의 기대가 있었을 것으로 미루어 짐작할 수밖에 없었다. 지금에 와서 왜 이름을 한 글자로 지었습니까? 또는 뜻을 어찌 남들과 다르게 짚어 주셨습니까? 라고 물어볼 수 없는 상황이니 나 혼자 상상하고 짐작할밖에.

역사적으로 보면 외자 이름은 주로 왕가에서 사용했다. 고려 475년 34대 왕들이 그랬고, 조선 시대에는 태종 이방원과 단종 이

홍위를 제외한 25대 임금 모두 한 글자 이름이었다고 전한다. 그렇게 한 데는 이유가 있었다. 왕의 이름으로 쓰인 글자는 감히 일반인이 사용할 수 없었다. 그래서 왕들의 이름을 홑 글자로 지어 백성들이 쓸 수 있는 글자가 줄어드는 것을 방지했다.

그 이야기를 들으면서 아버지가 왕족을 염두에 두고 내 이름을 작명하였을까? 추측하다가 혼자 웃었다. 아니면 외자 이름이 희귀할 것을 염두에 두지 않았을까. 실제로 우리나라 여성의 이름 중에 가장 흔한 호칭 중 하나가 숙이지 않은가. 갑, 을, 병숙이, 일, 이, 삼숙이를 비롯한 세상의 온갖 숙이 봄 강변에 다북쑥처럼 우거졌다. 심지어 교실이나 사무실 등 같은 울타리 안에서 겹치는 이름도 많아 각기 다른 별호를 붙이기도 한다. 그러니 평범한 글자 2개를 합쳐서 쓰기보다 차라리 한 글자만 명명하지 않았을까. 발음이 딱딱했음에도 그리했음은 그 뜻을 좇았을 것이다.

아버지와 달리 담임선생님은 단순한 글자로 인생이 외로울 것을 염려했는지도 모르겠다. 이름에는 일종의 자성예언 같은 것도 들어있으니까. 딱히 나 자신은 그렇지 않다고 여겼지만, 다른 사람들이 바라보는 외자 이름은 외로움의 상징이었을 수 있다. 아주 어릴 적에는 봄 동산의 풍경을 연상하며 멋모르고 지냈다가 자라면서는 남과 다르니 특별히 여겨지기도 했다. 하지만 늘 그렇지만도 않았다. 선생님의 예언처럼 내 경우의 홑 글자 이름은 말 그대로 인생살이도 밝았다. 밝다고 곡절이 없는 것도 아니었다. 눈물 한 바가지의 구불구불 인생길이었지 싶다. ㄱ으로 끝나는 발음이 꼿꼿해 성격도 곧기만 했던가 보다. 왕족의 이름처럼 지었을지는 몰라도 한 글자 이름이 그다지 풍요롭지는 않았다. 너무 맑은 물에는 물고기가 모이지 않는다고 했던 말을 경계할 지경이었다.

다행이었을지 희소성 면에서는 그런대로 숙이라는 한 글자가 드물었다. 그런데 50대 때였다. 중등학교 교감 업무를 맡았을 때부터였다. 같은 그룹 안에서 똑같은 이름을 만났다. 40대 중반의 장학사였다. 메신저 소그룹에 함께 속했다. 소속이나 간단한 소개글이 적혔음에도 몇 번인가 잘못 온 메시지가 도착했다. 이동하지도 않았는데 “영전을 축하합니다. 승승장구하시기를 기원합니다.”라든가 드물게는 통계자료 파일이 첨부되어 오기도 했다. 나에게 올 메시지도 상대방에게 갈 수 있겠다는 염려도 되었다. 소소한 것이라도 조심스럽게 말없이 전송해 주기도 했다.

한번은 보낸 이가 안면 있는 사람이어서 메시지가 잘못 왔다고 살짝 귀띔하는 답글을 보냈다. 무심코 한 자기의 클릭에 무색해서였는지 실수라고 여겨 자존심이 상했는지는 알 수 없다. 메시지를 읽은 순간 그룹 명단에서 내 아이콘을 비활성화 처리하였다. 친절도 병이라고 조용히 넘겨버릴 것을 괜한 오지랖이었음이 씁쓸했다.

또 이런 일도 있었다. 어느 날 근무지에 도장 새기는 사람이 찾아왔다. 요즘은 전자문서시스템 시대라 도장 찍을 일도 별로 없다.

인사치레 정도로 응수했는데 집요하리만치 스탬프 방식 도장을 추천하였다. 한 가지 제안까지 곁들였다. 이름의 글자 수가 적으니 어느 부분에 점 하나를 찍어주겠단다. 감쪽같이. 덧붙이는 말도 잊지 않았다. 그렇게 하면 점이 글자 하나의 몫을 한다고. 안정되고 완전하며 운수대통할 것이라는 덕담은 맛깔난 고명이었다. 순간 얼굴에 점 하나 찍어 세상을 들끓게 했던 드라마가 떠올랐다. 어딘가에 점을 추가하면 '내 이름이 점숙이가 되는 거야?'라고 스스로 묻다가 이 웃픈 해학에 슬그머니 동조하고 말았다.

주문했던 도장은 우편으로 보내왔다. 잉크를 머금고 있어서 누르기만 하면 선명하게 찍혔다. 인사 서류나 승진 서류에 그 도장을 활용했다. 서류를 제출하는 이들의 뜻한 바가 잘 이뤄지도록 주문을 걸었다. 덕분에 내게도 길한 의미가 되기를 은근히 바랐다.

그렇게 남이 모르는 비밀스러움도 간직했겠다 인감도장으로 등록하려 주민센터에 갔다가 일격에 거부당했다. 스탬프 방식 도장은 인감으로 등록할 수 없단다. 몰래 한 사랑을 들킨 것처럼 얼굴이 붉어졌다. 결국 도장 속에 숨겨 놓았던 내 점숙은 지금 서랍 속에서 잠자고 있다.

며칠 전 선운사 도솔암 내원궁에 갔다. 불교 신자도 아니면서 가끔 선운산에 가면 지장보살을 보고 온다. 가파른 돌계단을 오르는데 난간에 출처 불명의 경구가 붙여져 있었다.

"이름은 다만 이름일 뿐이다. 현명한 사람은 이름으로 그 사람의 인격을 평가하지 않는다. 이름이 그 사람을 만드는 것이 아니라 그의 마음이 그 자신을 만들기 때문이다."

지당하신 말씀이었다. 왕족의 이름처럼 아버지가 지어 준 이름 물가 숙으로, 선생님이 불러주었던 말금이로 또는 도장 파는 사람이 점지해 준 점숙으로 어쩌면 고독한 여정의 격랑을 노 저어 왔다. 남은 삶에서는 이름이 만들어 준 내가 아니라 시인 김춘수의 「꽃」에서 같이 "나의 이 빛깔과 향기에 알맞은" 이름으로 마음을 다해 만들어가리라.

제4부

무딘 붓끝을 벼리며

「눈보라」 속으로

당신의 미소는 나비처럼

사람 사는 이야기, 『土地』의 터전에서

불멸의 「에로이카」에 부쳐

삶이 그대를 속이면

섯

소크라테스의 의형제

스페이드 여왕의 윙크

원 소스 멀티 유즈-k

역세권이 나르샤

「눈보라」 속으로

창밖은 설국이다. 눈은 밤새 내려 쌓였고 낮에도 계속될 기세다. 아파트 테라스에서 마주보이는 참나무 숲은 연회색 눈안개로 자욱하다. 바람이 가끔 눈보라를 일으킨다. 흩어지는 눈비늘에 상상의 조각들을 실어본다. 북유럽의 어느 자작나무 숲이거나 얼어붙은 러시아의 호숫가를 떠돌다 그예 푸시킨의 「눈보라」 속으로 섞인다. 마랴 가브릴로브나의 눈썰매 마차에 다가간다. 나는 곧 그 운명의 마차에 동승하고자 한다.

마차는 마랴의 집 정원이 끝나는 길가에 대기 중이었다. 예비 신랑 블라지미르가 신부를 위해 보낸 삼두마차였다. 마부 테료슈카는 저녁이 되기를 기다렸다가 용감한 귀족 아가씨를 싣고 이웃 마을 교회까지 달릴 예정이었다. 그녀와 블라지미르의 혼인을 위해서.

야반도주처럼 부모 곁을 떠나려는 마랴의 심정은 괴로웠다. 저녁 식사도 거른 채 소파에 엎드려 울었다. 아무리 인기 있는 프랑스 소설로 교육받았고 그 속의 환상을 꿈꾼 신여성이었지만 가난한 남자를 택한 자신의 미래가 두렵기도 했을 터였다. 푸시킨은 이런 심리적 갈등을 "정원에는 눈보라가 치고 있었고 바람이 울부짖었으며 덧창이 흔들리며 덜컹"거림으로 묘사하였다. "모든 것이 그녀에게 위협으로, 불길한 전조"라고 암시하였다.

가족이 잠든 시각 마랴와 하녀는 정원을 빠져나와 눈썰매 마차로 향했다. "바람은 마치 젊은 여자 죄인을 멈추게 하려는 듯" 여전히 불어닥쳤다. 그런데도 그녀는 출발해야 했고 말들은 눈보라 속을 나는 듯이 달렸다.

"날씬하고 창백한 열일곱 살 아가씨"는 네나라도보 영주의 딸이었다. 신붓감으로 촉망받는 귀족 영애였다. 그녀가 사랑에 빠진 것은 군인 소위보였는데 말단퇴역 관리보다 사회적 인지도가 낮은 하층민이었다. 마랴의 부모는 결사반대했다. 하지만 이들은 주변의 만류를 무릅쓰고 은밀히 만났다. 만날 수 없을 때는 편지를 끊임없이 주고받았다. 열정으로 끓어올라 영원히 변치 않을 것을 맹세했다. "우리가 서로 없이는 숨을 쉴 수 없다면" "잔혹한 부모의 뜻이 우리의 행복을 방해한다면" 자기들끼리 결혼할 것을 대담하게 결정했다.

때는 1812년 초 어느 겨울밤이었다. 혼인 장소는 좌드리노 마을의 교회로 정했다. 예비 신랑은 사제를 만나 승낙받았고, 증인을 구했다. 마차와 마부를 보내 신부가 될 마랴를 태우고 오도록 당부했다. 만반의 준비를 마친 소위 보는 결혼식 시간이 가까워졌음을 깨닫고 자신도 식장을 향해 출발했다. 그러나 남자는 눈보라 속에 길을 잃었다. 20분이면 도착할 거리를 밤새 헤맸다. 얼마나 휘몰아치는 악천후였을지 짐작조차 어려울 지경이다.

신랑이 오기를 기다리던 신부는 탈진해서 기절했고 사람들은 그녀를 부축하느라 정신이 없었다. 주례를 맡은 사제도 당황해 어쩔 줄 몰랐다. 때마침 사내 하나가 교회로 들어섰다. 문밖에서 서성대던 이들은 신랑이 도착한 것으로 착각하고 "도대체 어디서 그렇게 꾸물거린" 거냐면서 결혼식장으로 안내했다. 곧이어 늙은 사제가 예식을 진행했다. 촛불은 희미해서 얼굴이 잘 구분되지도 않았다. 혼인 서약이 끝나고 입을 맞추려던 순간 신부가 비명을 질렀다. 그녀가 애타게 기다렸던 신랑이 아니었다. 그는 부르민이라는 기병대 대위였다. 자신의 연대가 있는 빌나로 가던 중 극심한 눈보라에 길을 잃었다. 불빛이 보이는 곳을 좇아 왔는데 바로 이곳 교회였다. 경황없는 중에 사람들에 이끌려 결혼식 소동에 임했지만, 현실을 깨달은 남자는 도망치듯 자리를 떠났다.

이야기는 1811년 말부터 시작된다. 역사적으로 보면 나폴레옹이 60만 대군을 이끌고 러시아에 쳐들어오기 전 해이다. 푸시킨은 이 전쟁을 소설의 배경 일부로 차입했다. 눈보라라는 악재로 결혼이 깨진 블라지미르를 보로지노 전투에 투입시켰는가 하면 모스크바에 프랑스 군대가 몰려오기 전날 밤에 전사시켰다.

실제로 나폴레옹은 1812년 6월에 전쟁을 시작하며 겨울이 오기 전에 끝내리라 작정하였다. 프랑스 연합군의 전력은 막강했고 사기는 높았다. 하지만 전쟁은 그의 뜻대로 진척되지 않았다. 여러 가지 원인이 있었겠지만, 특히 러시아에 의해 물자와 식량 보급로를 철저히 차단당했다. 청야전술의 초토화 퇴각 작전에 말려들어 대패했다. 예측하기 어려웠던 러시아의 자연환경 또한 지는 전쟁에 일조하였다.

싸움은 러시아가 이겼고 그들에게 1812년은 영원히 기억할 한 해가 되었다. 푸시킨도 이 영광을 작품 속에 각인하고 싶었을까? 가난한 소위 보를 전사자로 만들어 마랴에게 슬픔의 세월을 안겼지만, 승리의 벅찬 감정을 이렇게 환호했다. "잊을 수 없는 시기! 영광과 환희의 시기! 조국이라는 러시아인의 심장은 얼마나 강하게 뛰었는지! 재회의 눈물은 얼마나 달콤했는지! 얼마나 한마음이 되어 우리는 민족의 자존감과 황제에 대한 애정을 결합했었는지! 그리고 황제에게는 또 얼마나 멋진 순간이었던가!"

자식 이기는 부모가 없다는 건 러시아도 마찬가지인가 보다. 딸자식이 사랑을 위해 죽음도 불사하겠다고 하자 마랴의 부모는 가난한 소위 보를 받아들이기로 했다. "정해진 운명은 말을 타고도 돌아갈 수 없다."라는 결론을 내렸고 "가난은 악덕이 아니며 재산과 사는 게 아니라 사람과 사는 것이다."라며 결혼을 승낙하였다. 하지만 소위 보는 그 승낙을 거절했다. 가난한 자신의 한계를 깨달았던지 아니면 밤새 눈보라 속에서 헤매다 지쳐 절망했을지도 모른다. 그는 마랴와의 혼인을 파기한 후 보로지노 전쟁터로 떠났고 결국 그곳에서 죽었다.

블라지미르를 못 보면 숨이 막혀 죽을 것 같았던 마랴는 슬픔과 고통의 나날을 보냈다. 그사이 그녀의 아버지도 모든 재산을 딸에게 상속하고 사망했다. 하지만 재산조차도 그녀를 위로하지는 못했다. 다만 아름다웠던 지난날을 추억하며 아픔은 서서히 회복되었다.

그로부터 4년이 지난 후 마랴는 한 남자를 만났다. 전쟁에서 당한 부상을 치유 중인 영광스러운 군인 장교였다. 그들은 조금씩 속내를 펼쳐 보이며 가까워졌다. 과거의 기억까지도 고백하다가 두 사람은 깜짝 놀랐다. 눈보라가 치던 날 밤, 어쩌다 혼인을 서약했던 장본인들이었음을 깨닫게 되었기 때문이다. 기병대 대위였던 부르민은 창백한 얼굴로 그녀의 발아래 몸을 던졌다. 얼결에 혼인을 서약했고 입을 맞추려던 순간 놀라 도망쳤던 것을 떠올리며 신부에게 속죄라도 하듯이.

푸시킨이 쓰고 싶고 말하고 싶었던 운명이란 무엇이었을까? 마랴의 부모는 하층민 소위 보를 운명의 남자로 받아들이려 했는데 그것이 필연은 아니었나 보다. 그렇다면 그녀와 소위 보의 사랑은 한순간 불어닥친 눈보라였을까. 전장에서 죽은 소위 보 블라지미르와의 애틋했던 사랑이 가슴 시렸지만 「눈보라」 속을 헤쳐나온 아리따운 아가씨 마랴 가브릴로브나와 브루민의 해피엔딩이 또 다른 여운을 남겼다.

창밖은 그대로 설국이고 시나몬 향기 그윽한 차 한 잔이 그립다.

당신의 미소는 나비처럼

비디오 예술가 백남준 작품 제목 중에 「달은 가장 오래된 TV」가 있다. 시인이자 영화감독인 백학기는 세상에서 이렇게 멋진 은유의 제목을 본 적이 없다라고 감탄했다. 그것은 텔레비전이 없던 시절에 달을 TV처럼 바라보며 "이미지를 투영하고 이야기를 상상했던 모습을 텔레비전 시청에 빗댄 것"이다. 백 감독의 시나리오 특강을 들은 적이 있었는데 이 이야기를 동기 삼아 영화 「일 포스티노(Il Postino, 1994, 이탈리아)」를 소개했다. 산책길에서 패랭이꽃밭 위로 희고 노란 나비 떼가 번지는 모습을 바라보다가 그날 그 메타포Metaphor 현장이 떠올랐다.

"당신의 미소는 나비처럼 날개를 펼치는군요."

조금은 어눌하고 순박한 청년 마리오의 일생일대 프러포즈 메시지다. 그는 이탈리아 칼라 디 소토라는 외딴섬에서 고기잡이 부친과 살고 있었다. 영화는 이 섬에서 시작되는데 마리오는 부친처럼 어부가 되고 싶지는 않았다. 단꿈이 깨기도 전에 새벽부터 일을 시작하는 것이 싫었다.

어느 날 이 섬에 칠레 정부에서 추방당한 민중 시인 파블로 네루다가 망명해 온다. 그가 섬에 머물게 되자 팬들로부터 우편물이 답지했고 우체국은 "자전거를 가진 우체부를 고용한다."라는 광고를 냈다. 지나가다 광고를 본 마리오가 채용을 희망한다.

마침내 어부의 아들은 저명인사 전속 집배원이 되어 바닷가 가파른 언덕을 자전거로 달린다. 그 모습이 힘겨워 보이기도 하지만 경쾌하게도 느껴진다. 하모니카와 바이올린으로 연주되는 주제 음악 효과일 수도 있다. 집배원이 벅찬 페달링 끝에 다다른 목적지에는 도피 중인 네루다 부부가 "내 사랑"이라고 호칭하며 다정하게 살고 있다.

배달부는 네루다의 시 세계를 동경한다. 시인이 여성 팬들에게 인기가 있다는 걸 알고 자신도 시를 쓰고 싶다며 도움을 청한다. 마을의 처녀 베아트리체에게 낭만적인 시로 사랑을 고백하고 싶어서였다.

네루다는 마리오에게 온 세상, 즉 바다, 하늘, 비, 구름, 기타 등등이 다른 뭔가의 은유라고 들려준다. 그러면서 "시詩는 메타포다."라고 일깨워 준다. 청년이 무엇을 소재로 쓰냐고 질문하자 모든 사물과 풍경이 소재고 주제가 될 수 있음도 말한다. 시인은 일상 언어로 보면 하나도 새롭지 않다. 이 포구의 아름다운 것 10가지를 생각해 보라고 한다.

순박한 청년은 파도 소리, 교회 종소리, 저녁 하늘에 빛나는 별들을 관찰한다. 또 네루다가 시를 낭송할 때 단어가 바다처럼 이리저리 왔다 갔다 하고 뱃멀미가 나는 것 같다고 말하자 시인은 그것이 운율이라고 짚어 준다. 그뿐만 아니라 "사람의 의지가 있으면 세상을 바꿀 수 있다."라고도 조언한다.

그러던 어느 날 마리오는 "전 사랑에 빠졌어요."라고 설렌다. 시인이 잘됐다면서 치료 약도 있다고 하자 청년은 "아니요, 치료 약은 안 돼요. 낫고 싶지 않으니까요. 계속 아프고 싶어요."라고 한다. 그렇게 아프다가 드디어 "당신의 미소는 나비처럼 날개를 펼친다."라는 메시지로 베아트리체에게 구애하고 혼인에 성공한다. 그뿐만 아니라 끊임없이 갈고 닦았던 시인의 메타포를 심지어 주방에서 일하며 식품에까지 첨가한다. 양파는 동그란 물장미, 마늘은 아름다운 상아라고 한다. 토마토는 붉은 창자라거나 상쾌한 태양으로 비유한다. 사과는 오로라에 물들어 활짝 피어오른 순수한 뺨이라거나 소금은 바다의 수정, 파도의 망각이라고. 시인의 영향을 받은 마리오는 차츰 자신의 시어들을 발견해 가며 성장한다. 자기만의 시 세계를 구축하게 되고 그야말로 집배원이 네루다를 만나 시인이 된다.

추방령이 풀린 네루다는 고국으로 돌아간다. 시간이 흐른 후 마리오에게 섬의 아름다움을 느끼고 싶으니 녹음해서 보내 달라고 소식을 전한다. 마리오는 파도 소리, 풀잎을 스치는 바람 소리, 성당의 종소리 등을 시인이 두고 간 소니 녹음기에 담아 보낸다. 떠나면서 마리오를 보러 오겠다고 약속했던 네루다는 바쁜 일정으로 몇 년이 흘러서야 섬을 방문한다.

영화의 메인 플롯은 주연급인 필리프 루아레(파블로 네루다)와 네루다의 시가 이끈다. 서브 플롯은 조연급인 마시모 트로이시(마리오 루오폴로)와 마리아 그라치아 쿠치노타(베아트리체 루소)의 사랑 이야기로 채운다. 그런데 보기에 따라서 이 영화의 주인공은 마리오로 느껴지기도 한다. 척박한 어촌에서 살던 어리숙한 청년이 스승의 영향으로 가정을 이루고 시인이 된다. 세상을 보는 안목을 틔우고 정체성이 뚜렷한 한 인간상으로 우뚝 서는 과정이 주인공으로 다름 아니다.

감독은 마이클 래드포드였고 음악감독은 루이스 바깔로프였는데 특히 음악은 봄 바다에서 조약돌 해변으로 몰려오는 파도 소리처럼 청량하고 서정적이다. 그런가 하면 "음악은 바람 부는 날 창가의 커튼처럼 영화를 더욱 부드럽고 세밀하게 어루만진다."라는 말을 들은 적이 있는데 이 영화 음악 역시 그런 느낌으로 공감되었다.

어떻게 보면 영화의 구조는 매우 단순하다. 등장인물이 제한적이고 주로 외딴섬이라는 한정된 장소에서 진행된다. 물론 무비에서 빼놓을 수 없는 아리따운 여인 베아트리체 루소(마리아 그라치아 쿠치노타)와 마틸다(안나 보나이우토)가 매혹적이거나 매력적인 건 두말할 필요도 없지만, 구성이 단조롭다고 여길 수도 있다. 하지만 시종 문학과 영화가 어떻게 조응하는가를 일깨웠던 점, 이곳저곳에서 나타나는 특유의 메타포가 이 영화의 감동 포인트였다.

네루다는 그 메타포를 마리오가 터득할 수 있도록 돕는다. "하늘이 운다면 그게 무슨 뜻이지?" "비가 오는 거죠." "맞았어. 그게 은유야." 그러면서 시는 설명하는 게 아니라 이해하고 그 감정을 직접 경험하는 게 좋다고 말해 준다. 이런 장면 장면을 보면서 구로사와 아키라 감독의 "영화는 카메라로 쓰는 시詩다."라는 명언이 떠올랐는데 「일 포스티노」야말로 카메라로 쓴 시가 아닐까.

백 교수는 특강을 마무리하며 영화에서 비유는 이미지화라고 했다. 이를테면 아프다는 것을 썩은 사과, 다친 고양이로 대치해 보라는 것이었다. 그러면서 문학이 은유를 거치면 놀라운 매직이 되고 새로운 감동이 일어난다고 했다. "우리는 왜 문학 하는가? 매직 때문에 한다. 세계적인 거장의 영화도 이미지를 통해서 매직을 만들어낸다. 문학이나 영화는 사물이나 풍경의 은유를 통해서 매직을 이루어낸다."라고 했을 때 바닷가를 산책하며 마리오에게 메타포를 깨우쳐 주던 파블로 네루다의 모습과 겹쳐 보였다.

「일 포스티노」의 여운이 오래 남아 원작인 「네루다의 우편배달부El Cartero De Neruda』를 읽었다. 얼핏 들으면 네루다가 쓴 우편 배달부라고 착각할 수도 있지만, 원작자는 안토니오 스카르메타(Antonio Skármeta)로 칠레 출신 작가다. 소설에서는 영화에서 볼 수 없었던 성적 묘사나 더 곡진한 문장, 다양한 은유에 대해 또 다른 상상을 할 수 있었다.

영화와 소설의 후반부는 달랐다. 물론 배경도 같지 않다. 네루다가 실제 살았던 곳은 칠레의 해안 마을 이슬라 네그라였다. 1971년 노벨문학상 수상을 한 민중 시인 네루다는 1904년부터 1973년까지 이 해안 마을에 정착했다. 영화에서는 이탈리아의 섬마을을 망명지로 설정했다. 혹시 원작이 실화냐고 물을 수 있겠는데 그렇지는 않다. 네루다와 그의 시는 대부분 사실이다. 나머지는 시인을 좋아했던 작가의 기억을 바탕으로 창작한 소설이다.

파블로 네루다는 평범한 삶을 추구했던 이가 아니었다. 시인이면서 지극히 정치적 인물로 스페인 내전 후 반파시스트 운동을 했다. 공산당원이었고 상원의원으로 정치적 탄압을 받아 망명 생활을 했다. 안토니오 스카르메타는 이런 네루다의 무거운 성향보다 밝고 친근한 쪽을 드러내며 그의 참모습을 그렸다. 그래서 마리오와 베아트리체를 등장시켰고 그들의 러브라인을 서브 플롯으로 삼았다. 인용 시 역시 장중하거나 어려운 『모두의 노래』 『지상의 거처』 보다 『스무 편의 사랑의 시와 한 편의 절망의 노래』 중에서 택했다. 덕분에 따뜻한 인간애와 코믹한 장면들이 가슴에 남았다. 현대사에 얽힌 이탈리아와 칠레의 정치적 비극을 익살스럽게 끌고 나간 점도 돋보였다. 덕분에 영화 「일 포스티노」는 나비처럼 날개를 펼치며 내 가슴에 안겼다.

사람 사는 이야기, 『土地』의 터전에서

평사리 최참판댁 앞, 오월 어느 해거름의 광장은 휑뎅그렁하였다. 관광객들이 얼추 돌아간 시간이었다. 뒤처져온 두어 명이 평사뜰 너머로 굽 돌아 나가는 섬진강을 조망하고 있었다. 나도 덩달아 시선을 얹었다. 심산에서 발원한 물길이 장강으로 휘어 돌다 대해를 향해 유장하게 빠져나가고 있었다. 박경리의 소설 『土地』에서 최참판댁 4대가 거쳐온 긴 여정 같다. 윤씨 부인을 중심으로 아들 최치수, 손녀 최서희, 증손자 최윤국, 환국에 걸친 강인하고, 아프고, 가슴 저린 가족사면서 또 우리의 역사이기도 하다. 그들의 주변에는 토호와 농민, 목수와 포수, 무당과 의병, 천민과 노비 등 다양한 삶의 사람들이 어우러져 살았고 돌아보면 그들은 또 모두 우리의 이웃이었다.

한동안 바라보며 회상하던 동안도 희붐한 강물은 무심하게 흐르고 있었다. 최참판댁 안채 마당으로 발걸음을 옮겼다. 값나가게 보이는 카메라를 든 사내 하나가 부지런히 셔터를 눌러대고 있었다. 늦은 취재를 서두르는 듯, 박경리 선생과 소설의 모든 걸 카메라에 담으려는 듯 바빴다.

소설가 박경리朴景利(1926~2008)는 경상남도 통영 출생이다. 처음에는 시를 쓰는 시인이었다. 일설에 의하면 김동리 작가의 부인이 친구였는데 박경리 시인에게 소설을 써보면 어떻겠냐고 권유했고 남편에게 소개했다. 덕분에 소설로 전환하여 1955년 『현대문학』에 김동리의 추천을 받았다. 1956년 그의 추천이 완료되어 소설가로 등단하였다.

처음에는 주로 단편소설을 썼고 1960년대 무렵부터 장편을 쓰기 시작했다. 인간미 넘치는 내면세계를 깊이 있게 쓴 문제작들을 탄생시키면서 한국문학사에 큰 획을 그었다. 그중 『土地』는 1969년부터 1994년까지 26년에 걸쳐 완간하였다. 작품으로는 『土地』 외에 『표류도』 『김약국의 딸들』 『가을에 온 여인』 『파시』 『가설을 위한 망상』 등과 유고 시집 『버리고 갈 것만 남아서 참 홀가분하다』가 있다.

세간의 평으로 채진홍은 "인간의 존엄과 생명의 확인"이라 했다. 조윤아는 "박경리 문학세계는 운명으로부터의 자유의 표현"이라고 했으며, 장석주는 "한국 문학사의 큰 봉우리" "결코, 지워지지 않는 피멍이 박경리 문학의 밑바탕"이라고 했다. 우리 문학사적으로는 홍명희의 『임꺽정』 이후 끊어진 대하소설의 맥을 되살림으로써 김주영의 『객주』, 황석영의 『장길산』, 조정래의 『태백산맥』 등 뛰어난 작품들로 이어졌다.

내가 박경리 토지를 처음 읽기 시작했을 때는 1980년대 후반부터 90년대였다. 80년대 초, 교직에 발령받고 초임 교사로 낑낑대다가 조금 적응된 시기로 심적인 여유가 생겼다. 또 책을 읽을 수 있었던 것은 출퇴근 거리가 멀어 당시에 주말부부를 했기 때문이기도 했다. 딱히 소일할 문화생활이 적었던 시절이어서 자연히 책을 들출 수 있었던 점도 일조했다.

때는 바야흐로 대하소설이 유행처럼 퍼졌던 시기이기도 했는데 가히 대하소설의 전성기라고 할 만했다. 덕분에 나도 황석영의 『장길산』과 구월산을 누비다가 조정래의 『태백산맥』을 타고 보성 어느 마을과 지리산 일대를 따라다녔다. 그러다 『土地』를 만났다. 처음 10권 정도가 출판되었을 때 일부를 탐독했고 나중에 완간이 되어서 최참판네 행랑 끄트머리 어디쯤을 맴도는 『土地』의 권속이 되었다고나 할까. 그때는 총 5부 16권이었는데 요즘은 20권으로 편집된 것을 볼 수 있다.

이 소설의 구성은 최참판의 가문과 이용 일가의 가족사를 중심으로 전개된다. 시기적으로는 구한말에서 일제강점기를 거쳐 광복에 이르는 때였다. 1부는 1894년의 평사리를 구심점으로 최참판 일가의 몰락이 전개된다. 2부에서는 배경이 만주의 용정으로 바뀐다. 최서희의 치부와 조준구에 대한 복수, 최서희의 두 아들, 평사리 사람들과의 귀향 이야기다. 3부는 배경이 만주와 일본의 도쿄, 서울, 진주로 확대되며 김환(구천)이 옥사한다. 4부에서는 길상의 출옥 후 탱화의 완성, 기화(봉순이)의 죽음이, 유인실과 오가다 지로의 사랑과 갈등이 다뤄진다. 한편 2세대들인 이홍(이용의 아들)과 최환국, 윤국(서희와 길상의 아들)의 이야기가 그려진다. 5부에서는 2차 세계대전 중의 한국인들의 고난과 기다림을 다뤘다. 소설은 일본의 무조건적 항복 소식으로 대단원의 막을 내린다.

구성을 좀더 들여다보면 이 소설은 민족사의 저변 위에 모계 중심으로 가문을 일구어낸 불굴의 이야기일 수도 있다. 또 최서희와 길상이 중심인물이기도 하다. 하지만 보는 방향에 따라 다른 형상을 연출한다. 마치 다면체 거울로 보는 것과 같다. 윤 씨 부인을 비춰보면 범접하기 어려운 강단 뒤에 김환(구천)을 둘러싼 남모르는 인간적 고뇌가 절절하다. 최서희를 거울에 비추면 어머니의 사랑 대신 할머니를 정신적 지주로 삼아 어린 소녀가 장성하여 최참판댁의 살림살이를 지켜내는 의지가 가상하다. 이용 일가를 거울에 들이대면 어떤가. 그악스럽기 짝이 없는 강청댁, 욕심쟁이 임이네의 삶이 안타깝기도 하고 아프게 다가온다. 그 사이에서 억눌린 용이 아재와 월선의 여한이 없는 사랑은 어쩌란 말인가. 순진무구했던 기화(봉순)를 비추면 그녀의 삶이, 김평산을 비추면 김평산의 꼬인 인생이, 심지어 미친 여자 또출네의 이야기에서 동식물의 등장까지 조연이지만 모두가 탄탄한 캐릭터의 주인공이 된다. 악인 역시도 미워할 수 없는 내 피붙이처럼 끈끈하게 다가온다. 척박한 세상을 향한 몸부림이어서 가상하고, 치열한 삶에 섣부르게 굴하지 않아 존중과 감동을 준다. 이 소설을 통해 우주의 섭리를 다 각도로 체험할 수 있었던 기회가 되었다.

특히 잊을 수 없는 것들은 동학 접주 김개주와 윤 씨 부인, 그들의 아들 김환(구천)과 별당 아씨의 인연이다. 실제라면 생각만 해도 끔찍한 운명의 잔인함에 치가 떨렸다. 1부에서 가문이 몰락했을 때 나는 거기서 소설이 싱겁게 끝나는가 싶었다. 회생 불능이구나 절망했었다. 어떻게 살아날 수 있을까? 했는데 윤 씨 부인이 서희를 불러 3층 장의 받침으로 받쳐놓은 금괴를 빼내어 줄 때 가슴을 쓸어내렸다. 작가의 지략이 소용돌이치는 물보라처럼 아찔했다.

두고두고 잊을 수 없고 한스럽고 아쉬운 것은 용이 아재와 월선의 사랑이다. 최서희와 함께 평사리에서 만주 용정까지 질기고도 길긴 인연의 끝이 여한이 없는 사랑이라니…. 세상에 어떤 사랑이 이다지도 아플까. 이런 사랑을 끌어낸 작가의 심정은 어땠을까.

"내 몸이 참제?"/ "아니오."/ "우리 많이 살았다."/ "야."//(중략)

"니 여한이 없제?"/ "야, 없십니다."/ "그라믄 됐다. 나도 여한이 없다."

— 박경리, 『토지』, 8권 중에서

최참판댁 마당 아래 매실밭에는 청매실이 울툭불툭 자라고 있었다. 시고 떫은맛이 떠올라 저절로 침이 고였다. 돌담마다 흐드러진 마삭줄은 바람개비 모양의 하얀 꽃잎들로 덮여 향기를 피워 올리고 있었다. 최서희가 노닐었던 연못가에는 감꽃이 눈물방울처럼 뚝뚝 떨어지고 있었다. 감나무 아래에는 한 노파가 풀을 매고 있었다. 월선네의 환생을 보는 것 같았다. 가뭄 탓인지 호미 끝이 튕겨 흙먼지를 일으켰다. 그때 "뎅, 뎅" 종소리가 울려 맥놀이로 번져왔다. "금성사 저녁 공양 소린기라." 풀 매던 노파가 혼잣말처럼 뇌였다. 온종일 말벗이 없어 심심했던 심사가 묻어 있었다. 저녁 공양이라는 말에 살짝 시장기가 느껴졌다. 어서 돌아보고 내려가 잔치국숫집에라도 들러야겠다며 발길을 돌려 안채를 돌아 나오다가 외양간을 만났다. 어미 소와 송아지가 있었다. 정겨워서 확 빠져들었다. 조금 있으니 "으음무우우" 하고 우는 것이 아닌가? 그다음엔 워낭 소리가 "쟁그랑, 쟁그랑" 울렸다. '사람도 살지 않은 이 집에 누가 소를 돌보나?' 하고 자세히 보니 잘 만들어서 세워 놓은 모조품 소였다. 왈칵 속았다는 실망감이 솟구쳤으나 어차피 소설이 허구이고 이 집이 드라마를 찍기 위한 가상의 공간인데 소가 모조인들 뒤늦게 서운할 일도 아니었다.

사람 사는 이야기가 긴 강으로 굽이쳐 대해로 흐르는 박경리의 소설 『토지』의 터전을 둘러보고 내가 읽었던 박경리의 소설 『토지』의 느낌을 다시 한 번 반추해 보았다. 최참판댁을 벗어나 비탈길을 내려오는데 월선네 주막집이라는 간판이 눈에 들어왔다. 소설 속의 용이 아재와 월선의 아린 사랑이 현실처럼 다가왔다. 내 마음이 이리도 아린데 그 둘의 사랑에는 정말 여한이 없었을까. 주막집을 자꾸만 돌아보았다.

불멸의 「에로이카」에 부쳐

친애하는 베토벤 님

가을 달이 차오릅니다. 잊었던 기억을 되살려내듯 당신의 피아노 소나타 「월광」을 클릭합니다. 평론가 루트비히 핼슈타프가 1악장을 가리켜 "스위스 루체른 호수의 달빛 물결 사이로 흔들리는 작은 배"라고 표현한 데서 월광이라 불리게 되었다지요. 저는 루체른 호수에 가본 적은 없습니다. 하지만 오늘 제게 비추는 달빛 물결 사이로 당신의 「월광」호를 타고 어느 에로이카의 현장으로 저어가 봅니다.

지난 5월 6일, JTBC의 「아침 & 세계」라는 시사 프로그램을 보았습니다. 5월 5일이 보나파르트가 사망한 지 200주년이 되는 날이었지요. 파리 앵발리드 군사 박물관 묘역에서 진행한 추모 행사 장면을 소개하더군요. 200년이 지난 시점에도 그에 대한 평가는 극명하게 엇갈리고 있음을 짚었습니다. 인터뷰에 응한 파리 시민은 말했습니다. "그는 위대한 프랑스 정치인과 독재자라는 평가 사이에 있습니다. 나폴레옹 법전 등 위대한 업적을 남겼지만, 혁명 이후 사람들의 열망을 꺾기도 했습니다."라고요. 문득 베토벤 님이 이 인터뷰에 응했다면 뭐라고 대답했을까? 궁금해지면서 『교향곡 3번』을 떠올려 보았습니다.

프랑스 혁명이 끝나고 민주주의를 열망했던 시기, 때를 맞춘 듯이 나폴레옹 장군이 등장했지요. 사람들은 그가 자유와 평등, 박애의 공화주의를 실현할 영웅이라고 믿었으며 헤겔은 "말을 탄 시대정신"이라고까지 예찬했습니다.

베토벤 님 당신도 혁명에 대한 꿈이 원대했고 그 꿈을 이룩해 줄 인사가 나폴레옹이라고 여겼겠지요. 그를 더욱 신뢰한 데는 프랑스 공사 베르나도트의 영향도 컸다고 들었습니다. 1798년 빈에 근무했던 그는 나폴레옹 영웅담을 긍정적으로 들려줬다고요. 그러기에 당신은 한 살 차이밖에 나지 않은 사람에게 아무 경제적 대가도 바라지 않고 교향곡을 작곡하여 기꺼이 헌정하고자 했을 테지요. 당신의 철학과 이상, 예술혼으로 응집된 작품을 말이에요.

1803년, 당신은 드디어 「교향곡 3번」을 작곡하기 시작했습니다. 1804년 작품을 완성했고 혁명에 대한 열망과 나폴레옹에의 존경의 뜻을 담아 표지에 '부오나파르테Buonaparte'라고 썼지요. 곡을 쓰고 헌정할 날을 기다리면서 얼마나 설렜을까요?

그런데 이게 웬일입니까? 1804년 5월 18일에 나폴레옹은 스스로 황제의 자리에 올랐네요. 공식 선포는 20일에 하였다고요. 당신은 실망한 나머지 대로했다고 들었습니다. 그자도 별 볼 일 없는 정복자에 독재자일 뿐이라고요. 그리고 헌정하려던 교향곡의 표지를 찢어버렸다지요. 이 대목에서 당신의 불같은 성질에 놀라다가 비호 같은 판단력에 전율했습니다. 대부분 유럽의 사람들이 나폴레옹을 찬양했을 때였음에도 당신은 그가 권력욕에 사로잡힌 속물이라고 판단할 수 있었다니요.

베토벤 님, 저는 황제가 된 나폴레옹이 그해 12월 2일에 노트르담 대성당에서 치른 대관식 이야기를 들었습니다. 한 나라의 왕을 넘어 전 유럽의 군주가 되고 싶었던 나폴레옹은 로마 교황 비오 7세를 파리로 불러왔지요. 명실공히 교회가 인정했다는 빌미로 삼으려 했을 뿐 그는 교황이 관을 씌워주는 걸 기다리지 않았다네요. 자기의 노력으로 그리고 국민의 힘으로 황제가 되었음을 공표하며 무릎을 꿇지도 않았다고요. 교황으로부터 관을 빼앗아 직접 머리에 썼으니 그 오만함을 멀뚱히 바라보았을 사람들의 심정은 어땠을까요?

그런데 궁정화가 자크 루이 다비드가 완성한 「나폴레옹 대관식」 그림은 어떤가요? 나폴레옹 본인은 이미 관을 썼고 아내 조제핀에게 관을 씌우는 장면으로 탄생했습니다. 실제 대관식 장면을 스케치했던 것과 달라졌답니다. 그 배경에는 나폴레옹의 왜곡된 주문이 있었다지요. 과시하고 싶은 부분으로 위장하거나 포장을 해서 말입니다. 요즘처럼 사진 기술이 발달하지 않은 시대여서 가능한 조작이기도 했겠지요.

그것뿐만이 아니었습니다. "나의 사전에 불가능이란 없다."라는 명언과 함께 기억되는 작품을 떠올려 봅니다. 「알프스를 넘는 나폴레옹」 또는 「생베르나르 고개를 넘는 나폴레옹」 말이에요. 백마를 타고 망토 자락을 휘날리며 손가락을 치켜들고 있죠. "나를 따르라!"라고 외치며 알프스산맥을 넘던 위대한 영웅의 상상을 우리는 오랜 세월 동안 간직하기도 했습니다. 역사란 승리한 자의 기록이라는 것이 이런 걸 두고 하는 말일까요? 얼마만큼 대단한 황제로 남고 싶었으면 이렇게 위장하고 조작했을까요.

사실 나폴레옹은 부하들이 모두 산을 넘은 후 맨 꼴찌로 알프스산맥을 넘었다고 들었습니다. 백마가 아닌 나귀를 타고 말이죠. 백마는 험악한 산악을 타는 데 최적화된 동물이 아니랍니다. 19세기 화가 폴 들라로슈는 「나귀를 타고 가는 나폴레옹」이란 실증에 가까운 그림을 그렸는데요, 이 그림에 나타난 나폴레옹의 행색은 오히려 초라하거나 측은하여 일말의 인간미마저 느껴졌습니다.

존경하는 베토벤 님.

당신은 찢어버렸던 「교향곡 3번」에 "어느 위대한 영웅을 추모하며"라는 헌사를 다시 쓰고 추슬렀지요. 혁명적 영웅을 열망했던 작품을 저버릴 수는 없었겠지요. 얼마나 심혈을 기울인 역작이었습니까. 그 실례로 당시 25분이나 30분이었던 교향곡 연주 시간을 50여 분으로 확대하였죠. 심지어 잦은 불협화음도 사용하였고요. 이 곡을 연주했던 연주자들이 잘못된 게 아니냐고 의아해하거나 "음악이 거칠다."라는 의견도 냈다면서요. 앞서가는 시대 정신의 확신에 차서였을까요. 당신은 아랑곳하지 않았습니다. 오히려 "더 대담하게 음표 하나하나에 엑센트를 주어서 연주하라." "긴박하게 연주하라."라고 주문했습니다.

대문을 발로 차는 느낌의 1악장은 영웅의 탄생 또는 나타남을 표현했다지요? 알레그로 콘 브리오의 연주가 그 희망과 떨림, 설렘을 전합니다. 아다지오 아사이의 2악장은 장송곡으로 영웅의 죽음을 표현했지요. 독재자 나폴레옹의 종말을 예견하면서요. 1악장과 대비되는 빠르기로 첼로나 목관악기의 연주를 통해 느리게 걸어가는 행진이기도 하지만, 뒤로 갈수록 격렬하고 장엄하여 다른 장송곡과 차별화됩니다. 그래서 엄지척하게 되는 악장이기도 하고요.

3악장은 장대한 스케르초 형식이지요. 음악 평론가 최은규는 이 악장을 「웅장한 '베토벤 사운드'의 비밀」에서 이렇게 말합니다. "부드러우면서도 힘이 있고 깊고 풍부한 울림을 지닌 호른 3대가 트럼펫과 함께 힘차게 연주할 때면 당당한 영웅의 이미지가 절로 떠오릅니다."라고요.

당신은 마지막 악장에서 인간의 자유와 평등을 거침없이 찬양했습니다. 아끼던 발레 모음곡 「프로메테우스의 창조물」의 주제를 가지고 왔지요. 매우 격정적이고 열광적으로 몰입하게 하여 이 곡을 처음 들은 청중이 "듣지도 보지도 못한 괴물" 같은 교향곡이라고 했다면서요.

인류의 영원한 에로이카 베토벤 님.

당신이 지금 살아있다면 나폴레옹에 대한 감정이 어떨까요? 슬그머니 심술궂은 질문을 해보고 싶네요. 물론 헝클어진 머리카락을 쑤석대며 큰 눈을 부릅뜨겠죠. 불쑥 튀어나온 광대뼈에 힘을 주며 "독재자 나폴레옹"이라고 큰 소리로 외칠 거라 짐작하는 건 저의 편견일까요.

오랜 세월이 흐른 이 시점에도 그 공과가 극렬하게 엇갈림을 아침 방송에서 보았습니다. 아직도 프랑스 사람들이 그를 "영웅"이라고 당당하게 부르지 못하는 데는 나폴레옹에 대한 상처가 너무 컸기 때문이지 않을까 미루어 짐작해 봅니다. 모르긴 해도 섬에서 태어나 한때 영웅이었던 나폴레옹은 섬에 갇혀 죽음으로 그 영광의 막을 내렸다고 여겨지기는 합니다. 다만 우리의 진정한 영웅은 언제, 어디에서든지 태어나고 스러지며 또 나타나리라 기대합니다. 그리고 Ludwig van 베토벤 님, 당신이야말로 인류의 영원한 에로이카임을 다시 새깁니다.

2021년 10월의 어느 가을밤

달빛에 흔들리는「월광」호를 저어가며 김숙 올림

삶이 그대를 속이면

삶은 어쩌면 늘 변함없는 물의 본성을 닮았을지 모른다. 하지만 우리는 물이 변한다고 여기는 것처럼 삶이 우리를 속인다고 한다. 푸시킨이 유형지에서 우연히 썼다는 「삶이 그대를 속일지라도」만 보아도 그렇다. "삶이 그대를 속일지라도/ 슬퍼하지 말라, 노여워도 말라! (…)"

살아가면서 어찌 슬퍼하거나 노하지 않을 수 있을까? 『임헌영의 유럽 문학기행』은 이렇게 서술한다. "푸시킨의 시를 사랑하면서도 우리는 과연 삶에서 속을 때 슬퍼하거나 노하지 않을 수 있을까? 그건 가히 공자나 노자의 경지이고, 차라리 푸시킨처럼 쓸개즙을 핥은 듯이 새로운 역사를 꿈꾸는 게 정상이리라. 와신상담은 결코 오왕 부차와 월왕 구천의 전매특허가 아님을 푸시킨의 후반부

인생이나 문학 작품들은 여실히 보여준다."라고.

러시아 국민문학의 아버지라 일컫는 알렉산드르 세르게예비치 푸시킨은 이 시를 쓸 당시 크나큰 곤경에 처해 있었다. 열여덟 살에 쓴 혁명을 향한 분노의 시 「자유」 때문이었는데 황제 알렉산드르 1세에 의해 남러시아로 유형을 당했을 때였다.

> 세계의 독재자들이여! 두려움에 몸을 떨라!/ 그리고 그대들, 엎드린 노예들이여,/ 용기 내어 그 노래 새겨듣고 떨쳐 일어나라! // 아, 아 눈길을 어디에 두어도 / 어디서나 채찍과 족쇄들, / 법에 대한 치명적인 모독,/ 굴욕스러운 무력한 눈물들이 보이고, / 불의의 권력은/ 선입견들의 농밀한 안갯속에/ 즉위하였네, 노예제의 무서운 천재/ 타고난 명예욕의 화신이.// (…) 군주들이여! 그대들에게 화관과 왕관을 준 것은/ 법이지, 자연이 아니다./ 그대들은 민중 위에 서 있지만/ 영원한 법은 그대들 위에 있노라./ (…)// 전제정치의 악인이여!/ 그대를, 그대의 왕관을 나는 혐오한다./ 그대의 파멸, 후손들의 죽음을/ 내 잔혹한 기쁨 가지고 보노라./ 사람들은 그대 이마에서/ 민중의 저주의 낙인을 읽노라./ 그대는 세상의 공포, 자연의 치욕, / 그대는 신에 대한 지상의 모독. / (…) // 황제들이여, 이제 배우라-/ 형벌과 포상,/ 감옥과 제단. 그 어느 것도/ 그대들의 믿음직한 방책이 되지 못함을./ 미더운 법의 보호 아래/ 먼저 고개 숙이라,/ 민중의 자유와 평안이/ 왕관의 영원한 보초가 되리라.
>
> — 박형규 옮김, 『삶이 그대를 속일지라도- 푸시킨 탄생 210주년 기념』

어렸을 때 별명이 '볼품없는 오리 새끼'였던 푸시킨은 600년 전통의 귀족 후예였다. 열두 살에 궁정 부속학교(차르스코예셀로) 1기생으로 입학하여 최고의 엘리트 교육을 받았다. 후일 데카브리스트 반란의 주역이 될 동창, 후배들과 함께 수학하였다. 졸업 후에는 외무부 직원으로 근무하였는데 그때 절대 권력에 저항하고 투쟁을 선포한 시 「자유」가 발각되어 내쫓겼다.

추방은 외무부 10등 관직을 유지한 채 전근 형식이었다. 우리 역사에서 보면 반역을 꾀한 것이나 마찬가지였다. 삭탈관직에 위리안치도 불사했을 텐데. 모교였던 차르스코예셀로 출신들의 위세가 얼마나 대단했으면, 푸시킨의 명성이 얼마만큼 뛰어났으면 귀양살이하면서도 관직이 유지되었을까.

드네프르 연안 예카쩨리노슬라프에 도착한 푸시킨은 수도에서 로비활동을 벌여 준 친구들 덕분에 깡촌이 아닌 유형지를 전전하였다. 그러면서 이 시기에 낭만주의를 선도했던 바이런을 열심히 읽었다. 그의 시와 혁명사상을 통해 약소 민족 해방운동, 철학과 행동에 심취했고, 이곳 주둔군 장교들과 혁명을 위한 많은 담론을 나눴다.

유형지에는 절친인 푸쉰이 찾아오기도 했다. 그는 군대 제대 후 재판소에 근무하면서 가난한 자들을 위한 법률 자문과 민권 운동 중이었다. 이때 푸시킨은 어머니의 영지인 미하일롭스코예로 이동하여 지내고 있었다. 이때는 바이런을 넘어 셰익스피어에 매료

되었던 시기로 로맨티시즘에서 리얼리즘으로 전환하였다. 「삶이 그대를 속일지라도」는 이 무렵에 쓴 시였다. 가장 괴롭고 힘들었을 추방지에서 이렇게 달콤한 시를 탄생시킬 수 있었음이 놀랍다.

알렉산드르 1세가 남러시아 따간로그에서 죽자 니콜라이 대공이 후계자가 되었다. 푸쉰은 푸시킨에게 페테르부르크로 오라고 서신을 보냈다. 혁명의 도래를 예감하였던지 푸시킨은 길을 떠났다. 도중에 산토끼가 세 번이나 나타나 앞길을 막았는데 좋지 않은 징조라 여겨 가던 길을 멈췄다. 만약 친구의 권유에 따랐다면 반란의 주모자인 시인 릴레예프 집으로 직행하여 데카브리스트 반란에 참여했을 것이고 이미 추방된 자가 황제의 명령 없이 움직였기에 처형되고 말았을 것이다.

데카브리스트는 1825년 12월 14일 푸시킨의 친구, 동창, 후배들이 주축이 되어 군사 반란을 일으킨 사건이다. 나폴레옹 전쟁에서 승리한 후였다. 프랑스 점령을 참가했던 장교들이 분연히 들고 일어선 세상 유례없는 혁명이었다. 그들은 3천 명의 사병과 장교로 도열, 황제에게 요구사항을 발표했는데 농노를 해방하고 백성들에게 자유를 주라고 주장했다. 법 앞의 평등과 입헌군주제 또는 공화제 등을 용감하게 외쳤다. 그날은 바로 니콜라이 1세의 선서식 날이었다.

하지만 계획은 치밀하지 못했다. 황제 암살 담당자는 종교적 신념으로 변심하여 나타나지도 않았다. 그에 비해 탄압 군대는 9천

명이었다. 군대의 충성서약은 예정대로 진행되었고 혁명은 반란에 그치고 말았다. 릴레예프를 비롯한 5명이 처형되었고 120여 명의 유형이 잇따랐다. 푸쉰은 20년 강제 노역형을 받았다. 니콜라이 1세는 "어떤 대가를 치르더라도 나는 황제다."라며 반란을 피로 진압했다.

푸시킨은 황제에게 끈질기게 접견을 요청하여 친구들의 구명운동에 나섰다. 데카브리스트에게 자비를 베풀어 달라고 호소했다. 그날 현장에 있었다면 가담했을 거냐는 질문에 그렇다고 대답했다. 황제는 그 솔직함에 푸시킨이야말로 가장 현명한 시인이라고 추켜 주었다. 관용으로 포장한 독재자의 노련함이었다. 또 민심을 수습하는 차원에서 릴레예프의 아내에게 금일봉도 주었다. 푸시킨에게는 거주와 창작의 자유를 허락하되 차르가 직접 검열하고 감시하였다. '교육에 대한 보고서' 제출을 명령했는데 이것은 '반골 시인이 황제에게 봉사한다.'라는 어용의 이미지를 덧씌우려는 의도였다. 푸시킨이 데카브리스트에 직접 참여하지 않았지만, 그 정점에 있는 인물이 분명했고 살아있는 혁명의 화신이라 단정했기 때문이었다.

그런 옥죔 속에서도 푸시킨은 데카브리스트 혁명의 실패 원인을 찾아다니기도 했다. 캅카스로 유형 당한 동지들을 찾아 허가 없이 훌쩍 떠나 답을 찾아 헤맸다. 결론으로 데카브리스트들은 수동적인 군중을 영웅이 지도해서 역사를 가속화 해야 한다고 했는데,

푸시킨은 "영웅들이여, 먼저 인간이 되어라."라고 했으며 역사적인 합법칙성을 인식해서 민중과 보폭을 맞출 것을 주장했다.

임헌영은 삶이 그대를 속이면 "차라리 푸시킨처럼 쓸개즙을 핥은 듯이 새로운 역사를 꿈꾸는 게 정상"이라고 한다. 서른여덟 살의 생애 중 절반은 감시와 탄압 속에서 오쟁이 진 불명예를 뒤집어쓰고 쓸개즙을 핥듯 살았던 푸시킨! 혁명을 외친 시 「자유」를 발표한 후 고난의 연속이었지만 슬퍼하거나 노하지 않으려 날마다 쓸개즙을 마셨을 것 같다. 그러면서 그가 꿈꾼 역사를 왕성한 창작을 통해 러시아 문학의 정수로 승화시켰다. 시뿐만 아니라 소설, 희곡 등 다양한 장르를 집필했고 모두 성공작이었다. 아름다운 문체는 성서처럼 러시아어 학습 교재로 삼을 정도다. 그의 작품들은 문학을 넘어 러시아 국민악파 5인조를 비롯한 차이콥스키, 라흐마니노프 등 많은 음악가가 오페라와 발레로 창작하여 더 널리 알려졌다.

섯!

tvN story 채널에서 재방 드라마를 시청했다. 2019년에 방영했던 로맨틱 코미디 장르「사랑의 불시착」이었다. 이야기는 세리스 초이스 회사 대표 윤세리가 신제품 최종 테스트를 위해 직접 패러글라이딩하면서 시작된다. 그런데 그 비행 중 느닷없는 돌풍에 떠밀려 주인공 세리가 북한 땅에 불시착하면서 사건이 얼크러진다.

한동안 코믹하거나 달콤한 러브스토리에 대리 만족할 것에 흡족했다. 좋아하는 간식을 한 바구니 구했을 때의 기분이랄까. 조금씩 야금야금 즐기려던 찰나, 반짝 눈에 띄는 영상 하나를 발견했다. 3화 38분쯤 장면에 나타난 교통 표지판이었다. 설정 장소는 인민무력성 경무부 10호 초소 앞, 하늘엔 인공기가 펄럭였고 보초병들은 출입자를 검문하고 있었다. 차단기 중앙에 정자체로 굵게 쓴 "섯"

이라는 글자가 선명하게 붙여져 있었다. 작가의 세심함에 감탄하다가 문득 오봉옥 시인의 시 「섯!」의 실황이 오버랩되었다.

우리를 숨죽이게 한 건 38선이 아니었다/ 검문하러 올라온 총 든 군인도/ 검게 탄 초병들의 날카로운 눈빛도 아니었다/ 기찻길 건널목에 붉은 글씨로 써놓은 말 섯!/ 그 말이 급한 우리를 순간 얼어붙게 만들었다/ 두 다리로 짱짱히 버티고 서 고함을 지르는 섯,/ 그 뒤엔 회초리를 든 호랑이 선생님이/ 두 눈 부릅뜨고 서 있는 것 같았다/ 머리에 모자를 쓰고 있는 것도 아닌데/ 커다란 방점이 떠억 하고 찍혀 있는 것 같았다/ 멈춤 정도야 뭐 말랑말랑한 말로 느껴질 뿐이었다/ 섯에 비하면 정지나 스톱 같은 말도 그저/ 앙탈이나 부리는 언어로 느껴질 뿐이었다/ 남에서 올라온 내 발 앞에 꽝, / 대못을 박고 가로막는 섯!/ 그 섯 가져와 자살 바위 옆에 세워두고 싶었다/ 그 섯 가져와 기러기 떼 날아가는 노을 속에/ 슬그머니 척, 걸어두고 싶었다

— 오봉옥, 「섯」

시인은 『겨레말큰사전』 편찬위원으로 북한에 간 적이 있었다. 그때 기차 건널목에서 '섯'을 보았다. 일단정지하라는 순우리말이었음에도 남한에서는 상용하는 말이 아니어서 서먹했다. 그 어떤 억압 기제보다 강렬해서 가슴이 쿵 내려앉을 만큼 경악했다. 특히

우리는 빨리빨리 문화로 뭐든 신속하고 급하게 이루려는 습관이 있어서 어서 지나가야 하는데 "섯!" 하고 너무 강력하게 제지하는 뉘앙스여서 순간적으로 굳어버렸다.

오 시인은 "두 다리로 짱짱히 버티고 서 고함"치며 "발 앞에 꽝, 대못을 박고 가로막"는 이 외마디 비명 같은 글자를 다른 멈춤으로 확장한다. 인류가 문명을 외치면서 근대를 발전시켰고 요즈음은 인터넷과 스마트폰이 그 질주를 가속화 하는 시점을 지적했다. 과거 5천 년 동안 변해 온 속도보다 최근 몇 십 년 변한 속도가 훨씬 빨라 그 폐해로 이제 자연이 거꾸로 인류를 공격한다. 빙하가 녹는가 하면 열대야가 기승을 부리는 등 자연의 생태계가 바뀌는 게 안타깝다.

그것은 인간 중심 우월적 사고에서 비롯한 것으로 뒤돌아보고 멈춰야 한다. 만물을 맘대로 하고 자연을 훼손한 결과 인류는 자연에 역공당하고 있는데 우리는 왜 그런 행동을 정지하지 않고 두려워하지 않는가에 대한 반성과 문명을 비판한 시가 "섯!"이라고 말했다. "인간이 세상의 주인이라는 게 말이 안 된다. 살아가는 존재가 모두 주인이다."라는 그는 '섯'을 가져와 "자살 바위 옆에 세워두고" "기러기 떼 날아가는 노을 속에 슬그머니 척, 걸어두고 싶었다"라고 의사 진술한다. 말놀이 이상의 표현으로 우리 현대사회가 갖는 문명의 이기를 역설한다.

내게도 "섯"과 같이 일단멈춤 경험이 있다. 물론 북한 초소의 일단정지와 시인의 거대 담론과는 다를 수 있다. 하지만 그 멈춤에 대한 절박함에는 맥락이 같을 수 있지 않을까. 세상이 문명의 발달에 가속 페달을 밟은 것같이 개인인 내 삶도 쉼 없이 주행했다. 팍팍한 현실을 극복하겠노라고 꼭두새벽을 달렸고 달 뜨는 저녁에도 뛰었다. 오랫동안 근무했던 직장에서 퇴임이 임박했을 때마저도 의연하게 수용하면서 은퇴 후까지 여일하게 정주행을 기대했다. 인간의 삶도 달렸던 길을 계속 지속할 수 있는 관성의 법칙 같은 것을 믿었을까.

아주 틀린 건 아니었지만 맞지도 않았다. 또 다른 출발은 불규칙하고 불확실했다. 일찌감치 일터로 나가고 되돌아왔던 동선은 흩어졌다. 유의미한 방법을 찾아보기도 했고 어떤 일을 재미있게 할 수 있을 것인가도 궁리했다. 깊이 넣어 두었던 모모한 자격증들을 챙겨보다가 취미 삼았던 것을 지속이 가능한 활동으로 연결할 수 있을지 오만 상상을 곁들였다. 누워서 잠들기 전까지 천장에 이것저것 나열해보았지만, 묘수는 없었고 어느 순간 자신감 없는 말풍선만 뭉게구름처럼 허공에 둥둥 떠다녔다.

그럴 즈음에 우연히 멘토 한 사람을 만났다. 그이가 말했다. "선생님, 여기서 Stop하세요. 아무것도 하지 마세요." "멈추라니. 그럼…." 극단의 메시지가 뛰쳐나가려는 걸 간신히 참으며 상대방 시선을 마주 보았다. "네. 지금까지의 길을 분리하는 겁니다."

드라마 속 재벌 상속녀 세리가 불시착한 곳은 비무장지대 북방한계선 1,000m 부근이었다. 그곳엔 비무장지대 초소가 있었다. 북한군 5중대의 위수 구역으로 윤세리는 그곳에서 특급 장교 리정혁에게 발견되었다. 그는 돌개바람을 타고 "강림"했다는 윤세리를 어쩌지 못하고 감춰주다가 사랑하게 되었다. 극비리에 진행되는 러브스토리와 배우들의 천연덕스러운 연기력이 일품이었다. 북한이라는 특수한 공간이 긴장감을 고조시키기도 했다. 남북한을 넘나드는 주인공들의 상황을 접하면서는 실제로 우리가 오고 갈 수 있다면 얼마나 좋을까도 상상해 보았다.

리정혁과 윤세리의 알콩달콩한 케미스트리도 눈길을 사로잡았지만, 특히 "바람이 왜 부는 것 같아요? 지나가려고 부는 거예요. 머물려고 부는 게 아니고. 저게 저렇게 지나가야 내가 날아갈 수 있는 거고."라거나 "잘못 탄 기차가 때로는 목적지에 데려다준대요."라는 대사는 드라마 전체를 관통했다. 남자 주인공 리정혁의 "일없소." 그의 부하나 주민들의 "후라이까지 말라우." 등의 대사가 드라마를 찰지고 맛깔스럽게 만들었다. 「형을 위한 노래」 피아노곡 삽입 등 OST는 잔잔한 감동으로 다가와 귓가를 맴돌았고 다음 방영 시각을 기다리게 하는 촉매제가 되었다.

'그래, 드라마란 이런 거지.'라며 고개 끄덕였던 작품을 새로 접하면서 "섯"이라는 표지판 앞에 잠시 일단정지했다가 다시 드라마로 시선을 옮겼다.

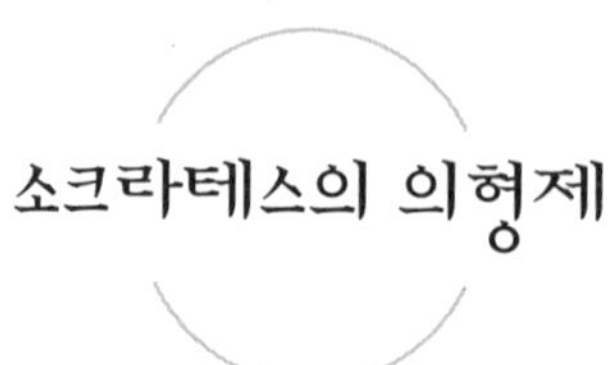

소크라테스의 의형제

남자가 물었다. "소크라테스의 종교가 뭔지 알아?" 생뚱한 표정으로 여자가 응했다. "잘 모르겠는데?" "이슬람교야." "엉? 왜 이슬람교야?" "말끝마다 ~알라 ~알라라고 했잖아." "그러네." "그렇지? 너 자신을 알라!"

삼척동자도 알 만한 성인이요, 대철학자를 감히 난센스적인 대화법으로 소환하다니 용기백배다. 최근 한 발 더 나간 발상으로 뭇 사람들에게 화제가 된 이가 나타났다. 「테스형」을 노래한 가황 나훈아다.

9월 30일 오후였다. KBS2에서 「대한민국 어게인 나훈아」라는 콘서트를 실시간 방영하였다. 2020 한가위 대기획으로 기약 없는 코로나19에 지친 국민을 위로하고 다시 한 번 힘을 내자는 취지였다. 기획 의도는 적중하였다. 일천여 명의 비대면 방청객이 화상으로 참여했는가 하면 공연 후에는 온통 나훈아 열풍에 휩싸였다. 15년 만에 방송 출연한 가수는 밤새워 노래할 수 있다며 "할 것은 천지빼까리"라고 호언하였다. 그러면서 "우리는 지금 별의별 꼴을 다 보고 사는 중이다. 서로 눈도 좀 쳐다보고, 손도 좀 잡아보고 싶은데 아쉽다."라고 했다.

화면 속에는 일흔네 살 흰머리 청년의 심장이 벌떡였다. 대충 빗어넘긴 듯 세어버린 곱슬머리와 거칠, 거칠하게 자라난 턱수염이 인상적이었다. 푹 꺼진 눈두덩과 불거진 광대뼈 사이로 이글거리는 눈빛이 한 마리 야수를 연상케 하였다. 독보적인 가창력과 환상적인 무대 장치는 2시간 30분 동안 눈 돌릴 틈을 주지 않았다.

공연은 3부로 나누어 진행하였다. 1부는 고향, 2부 사랑, 3부엔 인생을 주제로 하였다. 「고향으로 가는 배」 「고향 역」 「고향의 봄」 등 사람들의 심금을 울렸던 곡들이었다. 새로운 곡으로는 「내게 애인이 생겼어요」 「테스형」 등 총 30여 곡을 연주했는데 무대가 꽉 차게 누볐다.

3부 두 번째 곡이 시작될 때였다. 화면 오른쪽 아래 노래 제목과 작곡, 작사, 무용단과 합창단을 소개하는 자막이 떴다. 나훈아의 자작곡으로 제목이 「테스형」이었다. 전주가 나가는 잠깐 나의 머릿속은 암전되었다. 학창 시절 시험 볼 때 전혀 예상하지 않은 문제가 나왔을 때처럼 깜빡했다. 해결해야 한다는 강박증이 불현듯

도졌다. '테스? 토머스 하디의 장편소설에 나오는 그 테스인가? 그런데 형은 또 뭐야? 말이 안 되잖아?'라고 머리를 흔드는데 노래가 시작되었다. 자세히 들어보니 테스 형! 테스 형을 외치다가 소크라테스 형이라고 하였다.

> 어쩌다가 한바탕 턱 빠지게 웃는다/ 그리고는 아픔을 그 웃음에 묻는다/ 그저 와준 오늘이 고맙기는 하여 / 죽어도 오고 마는 또 내일이 두렵다/ 아! 테스 형 세상이 왜 이래, 왜 이렇게 힘들어/ 아! 테스 형 소크라테스형 사랑은 또 왜 이래/ 너 자신을 알라며 툭 내뱉고 간 말을/ 내가 어찌 알겠소. 모르겠소. 테스 형// 울 아버지 산소에 제비꽃이 피었다/ 들국화도 수줍어 샛노랗게 웃는다/ 그저 피는 꽃들이 예쁘기는 하여도/ 자주 오지 못하는 날 꾸짖는 것만 같다/ 아! 테스 형 아프다 세상이 눈물 많은 나에게/ 아! 테스 형 소크라테스형 세월은 또 왜 저래/ 먼저 가본 저세상 어떤 가요 테스 형/ 가보니까 천국은 있던 가요 테스 형/ 아! 테스 형 아! 테스 형 아! 테스 형 아! 테스 형/ 아! 테스 형 아! 테스 형 아! 테스 형 아! 테스 형
>
> — 나훈아 작사. 작곡, 「테스형」

이 노래는 아버지 산소에서 영감을 받아 썼다. 테스 형은 아버지를 두고 한 말이다. 트로트 장르의 특성상 곡의 분위기가 무겁지 않게 하려고 소크라테스를 대입했다. 그는 "테스 형에게 세상이 왜

이래? 세월은 또 왜 저래? 라고 물어봤더니 모른다고 했단다. 세월은 누가 뭐라고 하거나 말거나 가게 되어 있으니까 이왕에 세월이 가는 거 (…) 내가 하고 싶은 대로 해보고 안 가본 데도 한 번 가보고, 안 하던 일을 해야 세월이 늦게 간다. 지금부터 나는 세월의 모가지를 비틀어서 끌고 갈 것이다."라고 하였다.

내가 생각해도 소크라테스의 대답은 그랬을 것 같다. "산파가 아이를 낳을 수는 없다. 그저 도울 뿐이다. 그러니 세상이 왜 이러냐고 나에게 절규해 본들 답을 찾는 건 너의 몫이다."라고 직설적으로 답했을 것 같다.

사실 사람들이 "훈아 오빠! 훈아 오빠!"라고 열광할 때 나는 뒷전에 있었다. 순전히 사사로운 편견이었지만, 강렬한 인상과 넘치는 열정의 이미지가 바로 보기에 좀 버거웠다. 사회적인 물의를 일으켰다고 떠들썩할 때도 연예인들의 그런저런 사연이겠거니 금줄을 그었다. 그런데 이번 공연을 보고 시각이 달라졌다. 세상을 보는 시야가 넓어졌거나 수용의 폭이 너그러워졌을 수도 있다. 아니면 「테스형」에 반했을지도 모른다.

마음을 풀어놓고 보니 그의 감각은 더욱 출중하게 다가왔다. 바다로 입수하는 장면이나 와이어액션도 서슴지 않았다. 민소매 셔츠에 심하게 찢어진 청바지, 기타와 북 연주 등 능수능란한 퍼포먼스가 자유 그 자체였다. 변화무쌍한 공연 진행도 돋보였다. 소품이겠지만 배와 기차를 무대 위로 올려놓기도 했다. 살짝 아슬아슬하고 남세스러운 점도 있었는데 연주 의상을 무대 위에서 바꿔 입는 연출이었다. 무엇을 염두에 두었을까. 궁금했는데 시청자들의 심리를 꿰뚫은 고도 전략이었다고 한다. 지루함을 느낄 틈 없이 채널을 고정하게 하는 장치였다니 그 제작의 세심함에 고개가 끄덕여졌다.

노래는 트로트를 비롯한 힙합과 헤비메탈, 국악과 클래식 등 장르마저 자유자재로 뛰어넘었다. 물론 그의 음악이 모든 이의 심금을 울리거나 예술성이 뛰어나다고 할 수는 없겠지만, 사람들이 그를 가황이라고 할 만한 실증을 이 연주회에서 발휘했다. 그는 코로나19 방역에 애쓰는 의료진과 우리 국민에게 감사의 말을 전하였다. "옛날 역사책을 보면 제가 살아오는 동안 왕이나 대통령이 국민 때문에 목숨을 걸었다는 사람은 한 사람도 본 적이 없다. 이 나라를 누가 지켰냐 하면 바로 오늘 여러분들이 지켰다. 대한민국 국민 여러분이 세계에서 제일 위대한 1등 국민."이라고 힘을 북돋웠다.

공연 도중 김동건 아나운서가 짧은 인터뷰를 하였다. "언제까지 노래할 것인가?"라는 질문에 "솔직하게 말씀드리면 내려올 자리나 시간을 찾고 있다."라며 "이제는 내려올 시간이라 생각하고, 그게 길지는 않을 것 같다."라고 말했다. 앞으로 어떤 가수로 남고 싶으냐는 물음에는 "흐를 유流, 행할 행行, 노래가歌 유행가 가수입니다. 「잡초」를 부른 가수, 「사랑은 눈물의 씨앗」을 부른 가수, 흘러가는 가수입니다. 무엇으로 남는다는 말 자체가 웃기는 얘기입니다. 어떤 가수로 남고 싶으냐 그런 거 묻지 마소!"라고 하였다.

「테스형」을 들은 누군가는 인터넷 위키 백과사전에 이렇게 적어 넣었다. 나훈아의 가족 상황 마지막에 괄호를 치고 소크라테스의 의형제라고.

스페이드 여왕의 윙크

3기 신도시 개발 예정지 불법 투기 기사가 연일 범람하고 있다. 민심은 노란 냄비에 라면 물 끓듯 공분으로 들끓는다. 심지어 투기 정황의 인사들을 부동산 타짜라고 부르는 새로운 합성어까지 등장했다. 어쩌다 부동산에 타짜라는 말까지 따라붙었을까. 처음 조합한 사람은 저작권 등록이라도 해야 할 지경이다. 타짜란 '노름판에서 남을 잘 속이는 재주를 가진 사람'이지 않은가. 남을 잘 속이는 것도 재주일까. 의문을 품다가 만약 그것도 재주라면 상대방의 패를 읽고 내 패를 가지고 놀 수 있는 수완이 뛰어난 것이리라 짐작하면서, 19세기 초 제정 러시아 시절의 한 사내를 떠올려 본다. 푸시킨의 소설 「스페이드의 여왕」에 나오는 장교 게르만이다.

도박은 욕구나 요행을 전제로 한다. 운칠기삼의 확률 게임이라고도 한다. 그것은 불안하고 불확실한 승률임에도 꾼들은 묘한 충동에 빠진다. 우연으로도 승자가 될 수 있다는 희망을 건다. 게르만도 그랬다. 사랑과 탐욕, 출세와 돈에 대한 욕망이 광기에 가깝다. 도박판에서 한탕을 꾀하여 그 꿈을 이루고자 한다. 그러나 섣부르게 덤비지는 않는다. 확신이 없는 한 "여분의 돈을 따기 위해 꼭 필요한 돈을 희생시킬 수는 없다."라며 도박판 주변을 맴돈다.

그러던 어느 날 희소식을 듣는다. 한 백작 부인이 게임에서 이길 수 있는 히든카드를 알고 있다고. 게르만은 그것을 알아내려 부인이 후견하는 리자라는 아가씨에게 접근한다. 그녀의 창가를 서성이기 며칠, 사랑하지도 않으면서 사랑을 고백한다. 거짓 사랑을 이용해 백작 부인과 독대할 기회를 얻는다. 게르만은 부인에게 권총을 들이대며 이기는 카드의 비밀을 털어놓으라고 종용한다. 졸지에 당한 부인은 놀라서 지레 죽고 만다. 게르만은 굳이 죽일 의향은 없었다고 변명한다. 혼령이 된 백작 부인은 어느 날 밤 게르만의 꿈에 나타난다. 이기는 패는 "3, 7, 에이스"라고 일러준다. 3, 7, 1의 순으로 카드를 내면 꼭 승리할 것이라고 말한다. 그 대신 다시는 도박하지 말 것을 경고하고 사라진다.

이기는 패를 아는 자, 그 게르만 같은 사람들이 요즘 뉴스에 부동산 타짜로 명명되는 LH공사 직원들이 아닐까. 직무를 통해 알게 된 또는 알아낸 정보, 아니 저절로 알게 될 수도 있겠다. 그게 바로 백작 부인의 '3, 7, 에이스'가 아니었을까. 매스컴에 나온 뉴스를 보면 최근 정부는 공공주택 특별법으로 3기 신도시에 협의 택지를 사고팔 수 있게 하였다. 협의 택지는 한 사람의 땅 면적이 1,000㎡ 이상이면 현금 보상과 함께 주택지구 내 조성된 단독주택용지 공급 권리도 부여한다. 현금 보상도 받고 싼 가격에 전원주택도 마련할 수 있는 일거양득 이상의 수다.

이것을 발표 전에 안 그들은 미공개 개발정보를 이용해 부지를 사들였다. 그러면서 최고의 보상을 노린 고도의 기술을 썼다. 상대적으로 사용 가치가 낮은 개발제한구역이나 맹지 등에 집중했다. 저렴한 곳을 사서 협의 택지를 불하받았다. 가족과 친지, 지인들끼리 쪼개서 산 후 값이 오르면 세금을 절약하려는 효과도 내다봤다. 제방이나 통로는 공작물로 분류하여 토지 보상 시 평가 가치가 높은데, 그런 제방을 경매받은 공무원도 있었다. 보상 가치를 높이려 구매한 땅에 비닐하우스를 설치하거나 속성으로 자라는 용버들이라는 나무를 촘촘히 심기도 했다. 어떤 곳은 콘크리트 포장이었던 바닥을 흙으로 살짝 덮은 후 나무를 꽂아놓았다. 개발지역 발표 한 달 전쯤인 1월의 언 땅에 나무를 심은 건 개발 전까지 농지 취득의 명분을 위해서란다. 상대방이 눈치채지 못한 사이에 스리슬쩍 부린 신기술이거나 패를 조작하여 승리를 꾀한 노련한 타짜들의 행태다.

영화 「타짜 1」에 보면 우리나라 최고의 타짜 평경장이 나온다. 그는 제자가 되고 싶어 찾아온 고니에게 화투는 슬픈 드라마라며 아예 모르는 게 약이라고 한다. 그런데도 고니는 아는 게 힘이라면서 타짜 되기를 원했고 평경장은 타짜 만들기 프로젝트에 돌입한다.

손은 눈보다 빨라야 한다고 가르친다. 어떤 패를 잡고 싶냐고 물으며 "아수라발발타, 아수라발발타."를 외친다. "돈을 벌고 싶냐? 부자가 되고 싶니?"라고 묻다가 "이것이 정주영이고, 이것이 이병철이야."라며 화투 1월의 5끗과 광을 바닥에 패대기치듯 펼쳐 보인다. 그러면서 전라도 타짜 아귀는 기술을 쓰다 걸려서 귀가 잘렸고, 경상도 선수 짝귀는 들켜서 손모가지가 끊겼다고 한다. 그는 또 "고니 너도 곧 그렇게 될 수" 있음을 질러준다. 자신은 화투를 서의 아트의 경지로 끌어올렸다고 하면서 내가 화투고 화투가 나인 몰아일치의 경지, 혼이 담긴 타짜라고 으스댄다. 하지만 "나 이대 나온 여자야."라는 대사로 유명했던 정 마담의 사주로 살해된다.

백작 부인의 혼령으로부터 패를 점지받은 게르만은 어땠는가? 이기는 패의 비밀을 간직하다가 드디어 대규모 도박판을 찾아간다. 두 번이나 연거푸 거액을 딴다. 문제는 세 번째 게임이었다. 확실한 패를 쥐었다고 자신한 게르만은 전 재산을 걸고 판을 키운다. 그런데 그가 에이스라고 펼친 카드에서 갑자기 스페이드 여왕이 나온다. 카드 속 여왕은 게르만을 향해 찡긋 윙크한다. 윙크를 보는 순간 그는 여왕을 에이스로 착각한다. 결국 지금까지 땄던 돈을 모조리 잃는다.

「타짜 1」에서 이대 나온 여자 정 마담은 말한다. "화투, 말 참 이뻐요. 꽃을 가지고 하는 싸움. 근데 화투판에서 사람 바보 만드는 게 뭔 줄 아세요? 바로 희망!"이라며 배우 특유의 코 찡긋하는 표정을 짓는다. 마치 스페이드 여왕의 윙크를 떠올리게 한다. 흰색 민소매 드레스와 새빨간 매니큐어가 강렬한 긴 손가락. 그 사이에서 타들어 가던 담배 연기는 어디론가 흐르고 고혹적인 분위기는 도박 세계의 환상을 암시하는 것 같다.

타짜의 희망, 게르만은 도박으로 단번에 부자가 되고 새로운 신분으로 부상하여 출세하고 싶었던 것이었으리라. 하지만 그 뜬구름 같은 욕심으로 그는 전 재산을 잃고 미쳐버렸다. 예술의 경지에 이른 몰아일치의 선수도 기차를 타고 가다 살해되었다. 땅 투기로 부동산 타짜가 된 일부 LH 직원이나 공무원들은 어떨까. 그들은 현재 진행 중으로 지켜볼 일이다.

보도를 보면 그들은 "우리라고 투자하지 말라는 법 있냐?"라거나 "한몫 챙겨서 이민 가겠다."라고도 한단다. 퇴직했거나 머지않아 퇴직을 앞둔 타짜들은 노후 생활 밑천을 마련한 거라고도 한다. 아니꼬우면 우리 회사에 입사하라는 둥, 이번 같은 상황은 자기들 직장의 특혜라고도 한다니 다산 정약용의 『목민심서』를 들이대기에도 민망하다.

하긴 그들도 처음부터 부동산 타짜가 되고 싶었겠는가. 인터넷 댓글에서 명명하는 일부 국개의원들은 사리사욕이나 이전투구를 일삼고, 유전무죄요 무전유죄로 비난받는 검새를 비롯한 법조계도 신뢰가 바닥인지 오래다. 이들이야말로 이미 국민을 기만한 타짜들일 수도 있는데 자신들이라고 손에 쥔 이기는 패를 투척하지 말란 법이 있겠는가? 라는 심산이었을지.

"아수라발발타, 아수라발발타." 고니의 스승이 외쳤던 이 말이 무슨 뜻인지는 잘 모르겠다. 그냥 어처구니없는 차에 따라서 외쳐본다. 한편으로는 부동산 타짜 같은 것 '에라, 눈 감고 귀를 막자.' 하다가도 '이 땅의 후손들이 살아갈 세상이?'라고 생각이 미치면 더디 끓는 돌냄비도 슬슬 끓어오를 채비를 한다. 평생 살면서 헛발질만 날린 것 같은 자괴감에 비록 스페이드 여왕에게 윙크 받을시언정 지금이라도 백작 부인을 찾아볼까.

원 소스 멀티 유즈-K

넷플릭스 드라마 「오징어게임」이 활화산처럼 터졌다. 공개 26일째 되던 날 전 세계 인구 중 1억 110만 가구가 시청했다는 방송매체의 보도가 있었다. 시리즈 작품 이래 가장 짧은 기간에 최고 많은 시청 기록을 달성했다고 전했다. 1회당 제작비 28억 원으로 총 235억 원을 투자했는데 40배가 넘는 수익을 냈으며 그 경제적 가치를 약 1조 원으로 평가했다. 한 콘텐츠가 성공함으로써 얻어지는 경제적 이익과 문화적 파급력이 엄청났다. 소위 말하는 원 소스 멀티 유즈의 효과라고 할 수 있겠다.

예전에는 하나의 소스로 다양한 부가가치를 창출하는 능력이 외국에만 있는 줄 알았다. 이를테면 조지 루커스의 영화 「스타워즈」가 약 4억 6천만 달러를 벌어들였고 그 밖의 다양한 상품으로

26억 달러 이상의 수입을 올렸던 사례를 들은 적 있다. 캐릭터 상품의 활발한 개발 또는 문학 작품을 영화, 뮤지컬 등으로 전이 확장하는 전략은 디즈니사의 전유물쯤으로 여겼다. 그러던 것이 언제부터 한류라는 말이 회자하면서 서서히 귀에 익었다.

한류라는 말은 타이완의 한 언론이 한류 열풍(Korean wave fever)이라고 표현한 후 널리 통용되었는데 요즘은 한류의 대표글자 K를 붙여 K-팝, K-영화, K-드라마 등으로 일컫는다. K-팝의 국가대표 아이돌 방탄소년단, K-영화로 봉준호 감독의 「기생충」이 그 위상을 높였고 이젠 K-드라마 「오징어게임」까지 등극하여 공전의 히트를 날리고 있다.

이런 현상은 정부가 문화 수출정책을 펴기 시작한 2000년 무렵부터 우리의 드라마나 영화를 아시아 여러 나라에 수출하면서 두각을 나타냈다. 콘텐츠의 선호도가 높아졌고 우리나라 출신 연예인이나 한국 문화에 관심이 집중되었는데 부수적으로 드라마 「별에서 온 그대」 이후 치맥이 세계적으로 유행하기도 했다. 2019년 영화 「기생충」 이후에는 머그잔을 비롯하여 짜파구리라는 라면이 아주 유명해졌다. 원래 짜파구리는 짜파게티와 너구리 라면을 섞어서 끓인 일부 사람의 기호 음식이었는데 채끝 등심살을 넣어 만드는 장면이 영화에 노출되었다. 이것을 본 사람들이 짜파구리 요리를 따라서 하기 시작했고 급기야 라면 회사는 짜파구리 컵라면을 새롭게 출시하여 글로벌 마케팅이 이루어지기도 하였다. 그뿐 아니라 2년이 지난 2021년 프랑스 파리에서는 VR로 재해석한 기생충 콘텐츠를 제작 발표하여 그 영역을 확장하였다. 이 VR 기생충 영화를 보고 봉준호 감독조차도 엄지척했다고 한다.

2020년 9월 방탄소년단이 발표했던 음악 앨범 「다이너마이트」의 후속 효과도 주목할 만하다. 당시 이 신곡이 빌보드 HOT 100에서 1위를 함에 따라 추산되었던 경제적 효과는 1조 7천억 원이라 했다. 직접 매출 규모뿐만 아니라 화장품을 비롯한 식료, 의류는 물론 고용 창출까지 기대할 수 있다고 정부는 분석했다. 문화체육부 박양우 장관은 "이 분석은 방탄소년단이 이룬 성과가 경제적으로도 그 파급 효과가 막대하다는 것을 보여주기 위해 진행했는데 그들이 이룬 성과는 이 숫자를 훨씬 넘어섰다."라며 "그들의 음악은 코로나19로 고통받는 세계인들에게 일종의 치유제가 되었고, 다시 한 번 대한민국의 문화적 자긍심이 되었다."라고 한 바 있다.

최근 화제에 오른 「오겜」은 황동혁 감독이 직접 극본을 쓰고 연출하였다. 456명의 게이머가 1인당 목숨값으로 1억 원씩을 걸고 서바이벌 게임을 하는 호러 드라마였다. 그 진행이 배틀로얄 식이어서 팽팽한 긴장감이 돌고 패자는 곧바로 죽음에 내몰려 섬뜩한 공포감을 주었다. 게임에 뛰어든 사람은 경제적으로 가난하거나 많은 빚을 진 사회적 약자들이었다. 그들은 결핍을 채우고자 필사적으로 게임에 임했는데 패자는 바로 죽임을 당했다. 결국 최후에 살아남는 1명이 456억 원을 차지하는 승자독식 게임이었다. 캐릭터 중에는 억만장자 VIP가 있는데 게임을 관망하며 참가자들이 비인간적이고 가혹한 방식으로 죽어 나가는 걸 즐겼다. 이들은 현실 세계의 권력자거나 상위 0.1%의 재력가들을 상징했다.

얄궂게도 이 극한의 공포 드라마는 5, 60대 이상 세대의 어린 시절 추억 놀이를 끌어왔다. 무궁화꽃이 피었습니다. 달고나 뽑기, 구슬치기와 딱지치기, 줄다리기와 오징어 게임이 보는 동안 묘하게 감정을 움직였다. 마음 무겁고 불편한 장면이 적지 않아 채널을 돌리고 싶은데 유년 시절의 아련한 추억과 맞물려 돌릴 수 없게 하는 마력이 있었다. 그뿐만 아니라 게임이나 캐릭터, 의상과 소품들이 순식간에 전 세계로 번져 나갔다. 첫 게임에 등장하는 술래 인형 영희가 필리핀의 대형 쇼핑몰에 등장했는가 하면 호주 시드니, 한국의 올림픽 공원 등에 설치되었다. 시민들은 놀이를 따라 하거나 대형 인형이랑 찍은 인증 사진을 SNS에 자랑삼아 올렸다. 즉석 설탕 과자 달고나를 만드는 기구, 완제품은 수출길에도 올랐다. 캐릭터들의 티셔츠, 운동복, VIP의 네모, 세모, 동그라미 도형이 그려진 가면은 핼러윈과 맞물려 센세이션을 일으켰다.

정보력 빠른 아마존 쇼핑몰은 핼러윈 데이를 겨냥하여 초록색 운동복, 티셔츠, 가면 등을 제작 판매하였는데 물건이 없어서 못 팔 지경이라고 했다. 심지어 넷플릭스 CEO 리드 헤이스팅스는 이 다방면의 성공을 축하라도 하듯 초록색 운동복을 입고 찍은 사진을 자신의 인스타그램에 올렸다. 「오겜」이 미국의 톱10 콘텐츠

부문에서 한국 작품 처음으로 1위에 오른 걸 기념이라도 하듯이. 혹자는 그가 456번 성기훈(이정재 분)에 이어 457번 끝판왕으로 등판했다고 하였다. 이런 일련의 현상은 이제 남의 이야기가 아닌 원 소스 멀티 유즈-K의 현실이 되었다.

다만 원 소스 멀티 유즈는 한 개의 콘텐츠에서 비롯한 것으로 부작용도 따른다. 수익 구조에 대한 분쟁, 저작권 문제 등이 발생하고 있다. 한류를 확장해 가는 과정에서 반드시 해결해야 하는 과제이기도 하다. 「오징어게임」 같은 현실에서 457번 끝판왕이 넷플릭스일 수 있다는 우려를 흘려들어서는 안 되겠다. 그런 문제를 진단하고 잘 처리하여 우리의 권리를 제대로 찾을 수 있을 때 대한민국의 문화콘텐츠는 바르게 성장할 수 있고 바람직한 원 소스 멀티 유즈 현상도 기대할 수 있겠다.

역세권이 나르샤

스마트폰 화면에서 습관처럼 뉴스를 스크롤했다. 〔화제〕라고 표시된 부동산 관련 머리기사가 엄지손가락을 멈추게 했다. 초근접 더블 역세권에 하이브리드 오피스를 분양한단다. 막연한 호기심이 발동했던지 나도 모르게 화면을 터치했다. 분양 조건에 청약통장이 필요 없고 전매제한도 없다고 하였다. 시세차익을 얻을 수 있고 안정적인 임대 수입이 보장된단다. 내게는 '개발에 편자' 같은 기사였지만 누군가에게는 눈이 번쩍 뜨이는 정보일 수도 있겠다. 속된 말로 엎어지면 코 닿을 곳에 지하철역이 따블로 있다지 않은가. 가진 돈 확 들이부어 '돈 놓고 돈 먹고자' 하는 식의 투자자에게는 얼마나 호재일까. 한참을 요리조리 상상하다가 애먼 전화기 면상만 보살님 염주 헤아리듯 드래그했다.

역세권이라는 말은 지하철이 들어서면서 생겼을 법한 유행어나 신조어였는데 상당한 세월이 흘렀음에도 소멸하지 않고 오히려 건재하다. 어떤 이는 역세권을 'Stations sphere of influence'라고 영문으로 표기했는데 맞는 표현인지는 모르겠다. 알려진 바대로 이곳은 철도역 및 주변의 편리하고 살기 좋은 지역을 일컫는다. 중심 반경 250m에서 500m 정도의 범위로 역과 주거지를 5분에서 10분 사이에 걸어서 오갈 수 있다. 편의시설 등이 잘 갖춰진 동네임은 말할 것도 없다. 보통 역세권이 그럴진대 내가 읽은 머리기사에는 근접을 넘어서 초근접 더블 역세권이라 했으니 얼마나 좋다는 이야기일까. 그뿐만 아니었다. 트리플 역세권이라는 광고도 있었다. 따불을 넘어 따따불에 가까운 셈인데 어쩌다 한 번씩 역 근처를 스치는 행인으로서는 그 정도를 가늠할 길이 없다.

그런가 하면 또 다른 세권이 즐비했는데 손가락 끝을 움직일 때마다 '꿩보다 닭' 같은 정보가 눈길을 끌었다. 머리소리만 바꿔 붙여 패러디한 신생어들이 너울성 파도로 밀려왔다. 슬세권, 쓱세권, 쿠세권, 스(별)세권, 맥세권, 뷰View세권, 백세권, 몰세권, 학세권, 숲Park세권, 골세권, 수세권, 주세권, 락세권 도세권, 병(의)세권, 편세권, 올All세권, 견세권, 심지어 욕세권도 있었다. 자빠진 김에 쉬어 가더라고 더블 역세권에 반하다 세상 모든 세권勢權의 바람에 떠밀렸다. 의도치 않은 파도타기를 즐기다 그 위력에 멀미가 날 지경이 되었다. 뉘엿거림에 주의하며 내가 본 세권을 하나씩 복기해 본다.

사실 역세권으로부터 확장된 다른 세권들은 '둘 이상의 실질 형태소가 결합하여 하나의 단어가 된 말'이라고 할 수도 없다. '언어의 변화와 새로운 구성을 위해서는 사회 구성원의 인지와 약속이 반드시 수반되어야 한다.'라는 언어의 사회성과도 괴리된다. 그런데도 들으면 고개가 끄덕여지고 이해가 되는 건 우리말의 우수성일지.

먼저 슬세권이라는 한 무리의 파도가 밀려왔다. 슬세권은 슬리퍼의 슬과 세권을 합쳤다. 실내화로나 인식했던 슬리퍼의 범주에 온갖 생활권이 갇춰졌다는 뜻이겠다. 슬리퍼만 신었겠는가. 후드 달린 헐렁한 체육복 차림으로 슬슬 돌아다니면서 할 일 다 하고 여유를 부리는 곳이 슬세권이다. 맨발에 슬리퍼를 끌고 대로를 활보하는 위세의 당당함이라니.

이젠 장바구니 따위를 무겁게 들고 다닐 필요도 없다. 주문만 하면 쓱 배송해 준다는 쓱세권과 회원으로 가입하면 소량의 물건도 현관까지 배달해주는 쿠세권이 있다. 물류창고가 있는 곳이나 대형마트에서 꼭두새벽에도 요긴한 물품을 배송해 준다. 육아와 직장 일로 바쁜 사람들에게는 물론 1인 가정에도 인기 만점이겠다.

스(별)세권과 맥세권은 또 어떤가. "스타벅스는 커피를 팔지 않는다. 스타벅스는 스타벅스 자체를 판다."라는 말로 유명한 카페가 주변에 있거나 맥도날드 배달 서비스가 가능한 동네를 말한다.

햄버거를 주문한 후 배달까지 대략 17, 8분이 걸린다고 하니 배고픔으로 허둥댈 일이나 출출한 밤에 야식 준비를 걱정할 일이 없겠다. 맥딜리버리 버거로 충만해지면 이번에는 시선을 창밖으로 보낸다.

명멸하는 불빛의 도회 야경은 별이 쏟아져 내린 별 밭이 된다. 이름하여 뷰세권이다. 이런 곳은 베토벤의 「월광」이나 드뷔시의 「달빛」에 실려 호수를 감상할 수도 있겠다. 어느 곳에선가는 탁 트인 시야로 소실점을 향해 유유히 흘러가는 강 풍경도 들어온다. 수풀 우거진 공원을 느긋하게 조망할 수도 있다. 바닷가 풍경이 그림처럼 펼쳐지거나 윈드서핑을 하는 모습이 내다보이기도 한다.

그뿐이랴. 백화점이나 대형 쇼핑몰에 인접한 지역을 백세권, 몰세권이라 했다. 자녀 교육을 위해서는 학세권이나 도세권도 중요하다. 학세권은 학교나 학원을 걸어서 갈 수 있을 정도의 장소이다. 교과서를 보자기에 싼 후 괴나리봇짐처럼 짊어지고 걸어서 등하교했던 시절, 이제 그런 이야기는 세상에 없다. 요즘은 자녀를 승용차로 모시다 못해 학세권에 살면서 양육하고자 한다. 학교나 학원 근처에 도서관까지 연계된다니 이야말로 트리플 세권이요, 맹자 어머니가 부활한다면 이런 동네에서 다시 살고 싶겠다. 또 병(의)세권도 있었다. 나이 든 사람들에게 특히 중요한 곳으로 부상하고 있다.

숲(Park)세권과 수세권, 락樂세권도 눈에 띄었다. 숲이나 공원으로 둘러싸여 자연의 혜택을 누릴 수 있는 마을인데 뷰세권과 겹치는 부분이 있다. 수세권은 강이나, 호수, 하천 등이 가까이 있어 물멍도 할 수 있고 산책도 가능한 동네이다. 락세권은 극장이나 공연장 등의 문화시설이 가까이 있어 여가생활이나 취미생활을 즐기기에 맞춤한 주거지를 말한다.

또 다른 세권은 주세권으로 퇴근길에 술 한잔할 수 있는 주점들이 몰려 있는 곳이다. 그런 곳이 주택지로 괜찮을까? 잠깐 의아했지만 주酒님을 영접하고자 하는 이에게는 무슨 상관이겠는가. "삼십 촉 백열등이 그네를" 타듯, 말든 집 근처 목로주점의 로맨틱함이라니. 편안한 마음으로 거나하게 한잔 걸치고 눈꺼풀이 내려앉아도 무방하고, 음주운전 따위를 걱정하지 않아도 되겠다.

올All多 세권도 있었다. 옛사람들은 산 좋고 물 좋고 정자 좋은 곳을 이상향으로 삼았다. 하지만 그런 곳 찾기란 좀처럼 쉽지 않았다. 요즘은 역세권, 슬세권, 숲세권 등 여러 세권을 합쳐서 산 좋고 물 좋고 정자도 좋은 곳을 다 갖춰서 조성한단다. 이색적인 욕세권도 눈에 띄었다. 한때 사회적 이슈가 되어 비판 당했거나 욕을 먹었던 지역을 가리켰다.

한참 동안 세상에 하고많은 세권의 파랑波浪을 넘나들다가 울렁거리는 멀미나 가라앉히려 나를 돌아보았다. 나는 그 어느 주변에 있기도 하고 그렇지 않기도 했다. 내가 속할 그럴싸한 세권은 없을까 골똘히 탐색해 보았으나 묘수는 없었다. 돈도 되지 않지만 글쓰는 일에나마 참여하고 있으니 이왕이면 글세권에 산다고 해 볼까 하다가 그만두었다. 글세권도 이미 누군가가 점령했다. 글로시에glossier라는 미국의 뷰티 브랜드가 있었다. 그 제품을 구매할 수 있는 매장이 있는 부근을 글세권이라고 했다. 미국 또는 영국 런던에서나 가능할 터여서 애저녁에 포기하였다.

돌고 돌아 어느 블로거가 올린 글을 보았다. 그이는 촌세권, 산세권, 동세권에 산다고 하였다. 산과 인접한 촌에서 애완동물들과 행복하다는 뜻으로 해석되었다. 자신이 속한 곳에서 만족하는 자부심마저 느껴졌다. 그래서 나도 서울과 한참 떨어진 시골에 칩거하고 있으니 골세권에 산다고나 말해 볼까도 했다가 취소하였다. 골세권은 골프장과 역세권을 끼고 있는 지역이란다. 결국 "하늘 아래 완전히 새로운 것은 없다."라는 말만 실감하였다. 그저 역세권의 위력에 놀라 날아오르다가 스마트폰 뉘누리 밖으로 튕기고 말았다.

| 작품해설 |

언 감을 찬물에 녹이듯이

– 김숙의 수필세계

임헌영 (문학평론가)

언 감을 찬물에 녹이듯이

– 김숙의 수필세계

임헌영

(문학평론가)

1. 행복한 글쓰기

수필을 "생활과 예술의 지름길"이라고 축약한 것은 8 · 15 직후 넘치는 패기와 재기발랄한 활약으로 독서계를 사로잡았던 평론가 김동석이었다. 온갖 논쟁에 뛰어들어 치열하게 대립했던 역사의 한가운데에서 하고 싶은 말을 평론을 통하여 다 토해내면서도 그는 심정 깊숙한 곳으로부터 샘솟듯이 나오는 글들을 모아 수필이란 장르에까지 쌈빡한 작품들을 남겼다. 명수필집으로 알려진 『해변의 시』(박문출판사, 1946)에서 그는 "수필은 생활과 예술의 샛길이다. 시도 아니요, 소설도 아닌 수필 - 이것이 소시민인 나에게 가장 알맞는 문학의 장르다."라고 했다.

그는 본업인 평론가로서 불꽃 튀기는 논쟁을 통해 상대의 허점을 찌르는 통쾌한 승리감을 누리면서도 존재론적으로는 일개 소시민일 뿐이어서 굳이 수필을 쓸 수밖에 없었을 것이고 아마 그는 명 평론에 뒤지지 않게 산문을 쓰면서 흐뭇한 행복감에 도취했을 것이다. 어디 그만이 그랬으랴. 사유할 줄 아는 모든 인간, 오욕칠정을 가진 사람, 꽃을 보면 아름답다거나 가을이 오면 쓸쓸함을 느끼는 모든 존재는 다 자신의 심정에서 토해내고 싶은 미처 못다 한 사연들을 갖고 있을 것이며 이를 나타냄으로써 다른 어떤 행위로도 보상받을 수 없는 내적 희열을 느끼게 될 것이다.

음악교육을 전공한 뒤 중등 교육기관의 교원으로 35년 6개월을 보내는 동안 교감 근무 5년에 교장 근무 1년까지 하고서 퇴임한 뒤에 글쓰기에 투신한 김숙 작가 역시 혁혁한 평론가 김동석에 못지않게 산문 창작에 투신하면서 전례 없는 존재의 희열에 도취해 있다. 그래서인지 김숙 작가의 문학적 성취도는 무척 빨라 가히 KTX 속도로 전진하여 그 창작 열기를 식히기 어려울 정도다. 대량생산이라 할 정도면서도 한 편의 태작駄作도 내지 않고 산문문학이 갖춰야 할 기본요소인 오락성entertainment과 정보information를 고루 내장하고 있어 독자들로 하여금 한 단락만 읽으면 빠져들게 만든다. 문학수업의 늦깎이로서 선배들을 추월했다고나 할까.

김숙 작가는 이제 홀로서기 창작인으로 갖출 만큼 다 갖췄건만

여전히 내가 진행하고 있는 창작 동아리에 빠짐없이 출석하는 정도를 넘어 가장 모범적인 참여자로 자리매김하면서 내 강의나 글들을 자신의 작품에 녹여내기도 하기에 더더욱 관심이 간다. 그만큼 창작을 진지하고 성실하게 대하기에 괄목상대할 만하다는 뜻이다.

김 작가의 문학 수업기는 어렸을 적부터 재능을 보였다는 등의 상투적인 많은 작가와는 달리 표절에서 시작했다는 고백으로 시작한다. 『내 영혼의 신작로』를 통해 작가는 초등학교 2학년 2학기 때 '신작로新作路'에 대한 글쓰기 숙제로 "여름밤 풍뎅이가 자반뒤집기하듯 방바닥에 누워 엎치락뒤치락하면서 그것을 어찌해야 할지 갈등"하고 있었다. 그러던 차에 귀가한 아버지가 "신작로는 도시에 사는 언니의 선물을 싣고 오고…. 내 꿈은 신작로를 따라 달린다."라며 불러준 대로 썼는데, 글 내용과 당시의 처지는 달라서 뒤가 좀 켕겼으나 그대로 제출했다.

그런데 그 글이 담임 선생님의 칭찬에다 친구들 앞에서 낭독을 거쳐 상까지 받으면서 "영원히 잊지 못할 두 명의 문예반 선생님"까지 만난 인연으로 발전했다. 그러니 초등학교 동창생들은 영락없이 글쟁이나 국어 교사가 될 것으로 기대했을 텐데 음악 교사이었다니 의아할 수밖에 없었을 터였다.

돌아와서 명경지수의 심정으로 자신을 가만히 들여다보았다. 한눈팔 듯 살아온 세상에는 고속도로가 신경세포처럼 산지사방으로 펼쳐져 있다. 더구나 가상의 공간까지 온통 광통신 연결망으로 휘황한데 내 기억 속의 신작로는 아직도 비 온 날 지렁이 지나간 자국같이 초라했다. 길바닥은 울퉁불퉁했고 흙먼지 날리는 좁은 길은 덜커덩거렸다. 산을 깎거나 비탈진 곳에는 연례행사로 산사태가 났다. 진흙길은 파여서 웅덩이가 생겼고 차가 지나가면 흙탕물을 튀기거나 뒤집어쓸 수도 있었다.

—「내 영혼의 신작로」

여기서 신작로가 고속도로로 변했다는 건 곧 오늘의 한국 문학이 발전했다는 뜻이며, 광통신망은 온갖 공상과 환상의 작품들이 휘황찬란하다는 빙의로 풀 수 있다. 그래서 작가 자신은 비록 늦었지만, 기꺼이 창작의 대열에서 행복한 글쓰기를 하겠다는 결의를 다지는 것이다.

그러나 인생살이는 결의만으론 안 된다. 그 실천을 위한 작가의 투지를 그린 게 『숲속 나 홀로 악사』다. 산책 삼아 표고 132m 정상을 오르내리며 작가가 만난 인생 후반기의 한 남자는 벤치에 앉아 기타로 스스로 반주를 넣어 「목포의 눈물」 등속의 노래를 열심히 불러댔다. 물론 연주와 노래가 다 서툴렀으나 그 심취도만은 봐줄 만했는데, 이 멋진 한 컷을 작가는 바로 글을 쓰겠다고 혼자 터덕거리다가 새삼스럽게 서울디지털대학교 문예창작학과에 편입하여 작가의 길을 걷게 된 자신의 초상화로 대치시키며, "쓸데없는 오지랖이라는 걸 자인하면서 글을 쓰다가 지치거나 권태로워질 때 숲속 나 홀로 악사를 타산지석으로나 삼아보리라."라고 다짐하며 이 글을 끝맺는다.

이래서 창작의 영혼에는 휴식이 없다. 김 작가는 '선너머 마을'로 불리는 전주시 완산구 중화산동에 살면서 "길고 지난했던 삶을 돌아보고자", 그리고 "본의 아니게 억눌렸거나 가라앉은 기제가 무엇이었을지 성찰"하려고, 여기서 "더 바란다면 내가 사는 지역의 역사와 문화, 사람 사는 이야기도 조명해보고 싶었다. 마을 이름의 유래도 포함해서다."라고 자신의 창작세계를 축약해 준다. 그만큼 글 쓸 거리들이 점점 많아진다는 즐거운 비명이다.

2. 시적 구도로 진솔하게 쓰기

그러나 걸작이란 손상되지 않는다. 감동적인 멋진 시적구도詩的構圖 만들기란 돈벌이만큼이나 어렵다. 세상은 선인부터 악인까지 모든 사람은 다 한 편의 소설이나 드라마, 시, 수필의 주인공이 될 충분하고도 넘치는 사연들로 흥미진진하다. 다만 작가들의 시선을 못 받아서 빛을 볼 기회가 없을 뿐이다. 주변 사람들을 찬찬히 관찰하는 투시력만 가지면 글감은 온 거리에 굴러다니기에 한 걸음씩 옮길 때마다 그저 발에 툭툭 차일 지경이다.

그래서 나는 창작방법론 제1장은 사람 찬찬히 바로 보기라고 주장한다. 그러려면 작가는 뱀 같은 자베르 경감의 눈으로 관찰하여 자비로운 붓다의 심경으로 여과시킬 줄 알아야 할 것이다. 관찰의 중요성을 가장 명징하게 일깨워주는 작가는 오에 겐자부로大江健三郎일 것이다. 그는 시골에서 싫도록 보던 나무들인지라 어린 시절 그도 다른 아이들처럼 자연을 '관찰'하거나 유심히 보지 않았다. 어느 날 밤, 마을 공터에서 상영하는 문화영화를 보다가 한 장면에서 "작은 가지의 총체가, 그리고 꽃송이가, 잎사귀가 멈추지 않고 가느다랗게 계속 떨고" 있었던 장면을 보게 된다. 그는 "촬영조수 같은 사람이 일부러 나무를 흔들고 있는 게 분명하다."라며 자신이 봤던 나뭇잎이나 꽃은 결코 바람이 세게 불지 않으면 떨지 않는다고 생각했다. 궁금했던 소년은 이튿날 아침 진짜 감나무를 '관찰'하러 감나무 아래로 다가섰다. 그런데 정말 영화에서처럼 "감나무의 어린잎이 쉴 새 없이 흔들리고 있었다. 내 뺨에서는 전혀 바람의 기척을 느끼지 못했는데도 말이다." 그 충격이 그런 유난스러운 관찰자로 만든 것이다.

> 그때부터 나는 마치 회개한 사람처럼 내 생활권 안에 있는 나무와 풀들을, 눈을 똑바로 뜨고 세심하게 응시하는 습관이 생겼

다. 내가 볼 때마다 나무의 작은 가지가 요동하고 풀잎이 흔들리고 있었다. 정말로 무엇 하나 정지해 있지 않았다. 그때까지 자연 속의 사물들을 제대로 관찰하지 않았던 나는 놀라고 또 깨닫는 일을 되풀이했다. 지금까지 나를 에워싸고 있는 이 많은 수목들과 풀들을 사실은 제대로 보지 않았던 것이다!

—「나라는 소설가 만들기」

뉴턴이 사과나무 아래서 만유인력을 발견했듯이 오에 겐자부로는 감나무 아래서 생애 첫 문학적 각성을 경험한다. 그래서 나는 창작 강좌에서 작가란 보통 사람보다 더 깊이 관찰하는 존재임을 거듭 강조하는데, 이를 충실히 실천한 김숙 작가는「나뭇잎 비행기」에서 그 실증을 해준다.

염소 뿔도 녹인다는 8월의 무더위 속에서 참나무 숲을 거닐던 작가는 "숲길을 활주로 삼아 공중에서 '팽그르르' 돌아 천천히 착륙하는 비행물체"를 보게 된다. 무심코 지나칠 이 현상을 작가는 시종 관찰과 탐구로 그 물체가 거위벌레임을 알아낸다. 그 미물이 도토리를 먹이로 생식작용을 수행하여 겨울에는 땅속에서 지낼 채비로 "7~8월이 되면 어미는 새끼벌레를 땅속으로 옮기려 채비한다. 과육이 단단해지고 떫은맛이 생기기 전 새끼가 사는 도토리 열매 주변 가지를 주둥이로 자른다. 부드럽고 맛있는 먹이를 장착해서 땅으로 돌려보낼 나뭇잎 비행기를 제작"한 결과가 비행물체가 된 것이다.

이 현상을 소재로 작가는 미물에도 엄존하는 모성애를 통해 삼라만상의 생태계가 지닌 위대성을 발견해낸 것이 이 글의 주제다.

그러나 관찰자에 따라 자연현상은 얼마든지 둔갑을 할 수 있다는 것이 세상살이의 오묘한 이치다. 「산벚꽃 피면」에서 김 작가는 사람마다 제각각으로 보는 눈이 다름을 멋지게 꼬집어 준다. 교직에 몸담았던 시절에 승용차 한 대에 네 명의 동료 교사와 출퇴근하던 참이었다.

> 올봄처럼 산벚꽃이 벙글던 날 아침이었다. 함께 출근하던 승용차 안에서 운전을 맡은 동료 교사가 말했다.
>
> "어머나! 산벚꽃 피네요. 참, 곱구만요잉."
>
> 자못 감흥에 젖어 아침 인사 겸 건넸다. 나도 먼 산빛을 한 번 바라보고 반갑게 응수하려던 터였다. 그런데 조수석에 탔던 선생님이 휙 앞질렀다.
>
> "곱기는 뭣이 고와? 아, 못 먹고, 못살던 시대 잊었어? 그때 우리 머리에 희뜩희뜩하게 난 도장밥 같구먼."
>
> 순간 화사했던 아침 분위기가 얼음땡이 되었다. 누구도 이 기상천외하거나 뜬금없는 일갈에 토를 달 수 없었다. 그렇다고 하니 또 그렇게도 보였다.
>
> ―「산벚꽃 피면」

보이는 것도 그냥 믿으면 글쟁이가 아님을 작가 전상국은 기자와 작가를 비교하며 멋지게 풀어준다. 함께 시골에 있는 열녀비를 본다면 기자는 사당 비석에 새겨진 생몰 연대와 성씨, 몇 대조 종손인가에 관심을 두고 열심히 취재해서 기사를 쓰겠지만, 작가는 하늘을 보고 '아, 한 불쌍한 여인이 재혼도 못 하고 독수공방하며 쓸쓸한 최후를 마쳤구나.' 하고 가슴이 아프다는 것에 집중한다는 주장이며, 산문문학 역시 소설가와 똑같이 사실을 관찰-사유-분석-상상-재평가의 단계를 거쳐야 함을 일깨워준다.

연암 박지원은 보고 듣는 것조차도 그 주체나 환경과 분위기에 따라서 얼마나 달리 나타나는가를 물소리에 비유해 이렇게 풀어준다.

> 나는 언젠가 문을 닫고 누워 소리 나는 종류에 따라 이를 사물에 비교해 들어 보았다. 깊숙한 소나무가 퉁소 소리를 내는 듯하니 이는 청아한 취미로 들은 탓이요, 산이 찢어지고 절벽이 무너지는 듯한 것은 분노하는 소리로 들은 것이요, 뭇 개구리가 저만큼 우는 소리는 발칙스러운 것으로써 들은 것이요, 수없는 대가치가 서로 마주 어울려 내는 듯한 소리는 성난 소리로써 들은 것이요, 벼락 소리, 천둥소리인 듯한 것은 공포심으로 들은 것이요, 찻물이 부글부글 끓는 듯한 소리는 취미로 들은 것이요, 거문고가 궁성, 우성에 맞게 나는 듯한 소리는 슬픔으로 들은 것이요,

종이문창에 풍지 우는 듯한 소리는 의심스럽게 들은 탓이다. 무엇이나 올바르게 듣지 못하고 더구나 가슴속에 무슨 딴 생각을 먹고 있으면 그것이 귀에서 소리가 되는 것이다.

— 박지원, 리상호 옮김, 「하룻밤에 아홉 번 강을 건너」, 『열하일기』 중권, 보리, 451쪽

뒤이어 연암은 요동벌은 편편해서 물소리가 요란하지 않다고 하나 실은 밤이 아닌 낮에 건너기에 이런저런 풍광을 보느라 그 소리를 못 들은 것이라고 지적한다.

이런 단계에까지 이르려면 추위에서 얼기도 하고, 더위로 벗어던지기도 하는 등 온갖 사유의 계절을 두루 거쳐야 하는데, 그런 현상을 김 작가는 「언감생심」에서 겨울철의 언 감을 녹이는 비법에 비유해 준다.

작가는 겨울 산행길에서 농익은 돌감을 노리는 직박구리를 관찰한다. "마치 이 감나무는 내가 찜"을 했다는 듯이 직박구리는 날갯짓을 치며 덤볐지만, 꽁꽁 얼어버린 감을 먹을 수가 없었다. 이 장면에서 작가는 가난하고 배고팠던 어린 시절의 동짓달 긴긴밤, 언 홍시를 녹여주던 아버지의 지혜를 소개한다.

마음으로는 금방 먹고 싶었지만 그럴 수가 없었다. 아랫목에 파묻어볼까. 손으로 감싸 쥐어보기도 하면서 간절한 마음일 때

오랜만에 우리 집 가장이 호기롭게 말했다.

"조금만 기다려 봐."

양푼에 차디찬 찬물을 붓고 그 속에 감을 담갔다. 뜨거운 무엇으로 녹여야 할 것 같았는데 찬물에 감을 녹인다는 거였다. 이미 홍시 냄새가 날 만큼 술기운에 젖은 아버지의 취중 실언이었거니 했는데 얼마나 기다렸을까. 믿을 수 없는 광경이 나타났다. 말랑한 홍시를 남기고 얼음덩어리가 쏙 돌아 빠져나왔다.

—「언감생심」

이냉치냉인데 이런 자연 변화의 이치가 바로 관찰한 사실을 더 농익게 발효시키는 비법과 다르지 않다.

물처럼 구름처럼 바람처럼 흘러가는 말과 글을 대교약졸大巧若拙이라 평한다. 막힘도 주저함도 머뭇거림도 없이 한결같이 유유히 걸어가는 자태의 경지다. 어찌 아픔과 고뇌와 슬픔인들 없었겠는가마는 영혼의 여과기로 다 걸러낸 삶은 그저 언제나 청정수처럼 고요하고 맑기만 하다. 이런 글에 더 욕심을 부리면 소탐대실小貪大失이 되기 십상이다.

바로 김숙 작가의 산문 세계가 이런 경지를 느끼게 해준다. 오랜 교직생활을 마감한 교육자 출신들의 글에 반드시 등장하는 설교 따위는 얼씬도 않는다. 지극히 평범한 소재를 극화시켜 그 모임의 분위기를 쌈빡하게 띄워주는 솜씨가 돋보인다.

그래서 김 작가의 글을 읽노라면 법정의 글에 나오는 아래와 같은 장면을 연상케 해준다.

지난 초여름, 자기 아버지를 따라 산에 온 다섯 살짜리 꼬마가 불쑥하던 말이 이따금 생각이 난다.

"아빠, 바람이 달아!"

우물에서 제 손으로 물을 떠서 꿀꺽꿀꺽 마시고 나서는 "아, 맛있다. 참 맛있다!"라고 하던 그 꼬마의 어른스러운 말이 아직도 메아리처럼 들린다.

바람이 달다고? 공기가 맑다는 말보다 얼마나 직설적이고 시적인 표현인가.

— 법정, 「아빠, 바람이 달아」, 『산방한담』, 163쪽

3. 한 촛불이라도 켜려는 작가정신

무진장이라는 산골 전북 장수에서 어려운 유학자 집안에서 1956년에 태어난 김 작가는 간신히 장수중학교를 졸업한 뒤 담임교사의 주선으로 전주의 사립학교 재단에 들어가 매점과 학원장실 등에서 근무하다가 나중에는 총무과 소속 직원이 되어 야간고교엘 다녔다. 같은 재단 산하에 대학도 있었기에 작가는 음악교육과를 졸업한 뒤 그 지역 일대에서 중등교사를 지냈다. 김

> 작가가 교사가 된 데는 아득한 내력이 있다. 산골에서 선생님이 젤 예쁘고 잘나 보였던 초등생 시절도 전에 누군가 "커서 뭐 될래?"라고 묻자 "저요? 조 선생 될래요." 했다는 장면은 매우 상징적이다.
>
> —「내 꿈은 조 선생」 참고

이런 작가의 인생 행로가 작가에게는 세상살이를 일찍 터득할 수 있는 계기로 작용했기 때문에 수필에 나타난 인생론은 달콤하기보다는 무척 현실적인데, 「쑥물 한 중발」에 생생하게 그려져 있다.

어림잡아 여섯 살쯤, 기력이 없는 어머니를 위해 들판에 나가 쑥을 뜯어 쑥즙을 짜내 어머니에게 내밀었던 석이 있었다. 오랜 세월 후 그때 어머니의 두통은 셋째를 수태하여 입덧 중에 나타난 증상이었고, 그 치유제는 상큼한 풋살구 같은 과일이나 입덧을 이기는 음식이 필요했음을 안 작가는 "살면서 얼토당토않은 생각과 판단을 한 적이 더러 있었는데 그 첫 번째가 이 쑥물 사건"이라고 회고한다. 그러니 김 작가의 인생론 제1장은 쑥물 사건처럼 엉터리 처방전을 내리지 않는 것이 된다.

그러기 위해서는 더불어 사는 게 얼마나 소중하고 보람찬 것인가를 깨닫고 실천하는 게 인간미 풍기는 행복론임을 그린 작품이 「새콤달콤한 품앗이」다. 동네 목욕탕에서 서로가 등 밀어주기를 하자는 상대를 만나면서 어우러짐과 더불어 삶을 실현하는 원리인 품앗이를 그린 게 이 작품이다.

그러나 살다 보면 모든 사람이 다 품앗이 대상이 아닌 경우도 흔하다. 교직 생활할 때 조우했던 까칠한 한 상사 때문에 얼마나 썰렁했던가를 적시하면서도 돌이켜 보면 그런 세대에게까지도 상대를 비판하기보다는 오히려 자신이 왜 더 너그럽게 대하지 못했던가를 책하는 게 「고목에 꽃 피던 날」이다.

「아줌마와 형님」은 더불어 행복함 제조기처럼 작가의 삶의 편린이 생생하게 반영된 재기 넘치는 작품이다. 사우나를 작품의 무대로 설정한 이 글에서는 관점에 따라서는 아줌마와 형님들이 볼썽사나울 수도 있겠지만 “그들은 가족을 돌보고 가정을 꾸리면서 비법을 축적해 온 가정관리 전문가”들이기에 이곳은 “노폐물 처리장인 동시에 오롯한 에너지 충전소”로 작용하며, 작가도 “만사를 내려놓고 자유로워지는 해방구”로 만끽한다는 데서 독자들 역시 공감해 줄 것이다.

이렇게 약간씩 모자라는데도 서로가 등을 밀어주는 품앗이를 하며 더불어 살아가는 모습은 영화 「미나리」에서 할머니 역을 한 윤여정에 초점을 맞춘 작품인 「빽났다」로 그 절정을 이룬다. 결국 김 작가의 인생론이란 잘나서 우뚝 선 사람들의 성공담에 역점을 두는 것이 아니라 모자라지만 나름대로 역할에 충실한 품앗이 삶을 중시하는 자세로 나타난다. 이런 작가의 생의 자세는 권위적으로 보였던 진찰실에서의 가운 입은 의사가 홀연히 찢어진 청바지

차림으로 거리에 나타났을 때의 선선한 친근감을 그린 「찢청 입은 의사를 보며」에서 아주 잘 나타난다.

그러나 김 작가의 글쟁이로서의 꿈은 높고 깊은데, 그 속 사연은 「한 영혼에 촛불을 켤 용기-다시 보는 펄 벅과 『대지』」에 자상하게 나타나 있다. 펄 벅은 1960년 처음으로 한국에 왔다가 명동의 공초 오상순 시인의 아지트였던 청동다방을 방문, 그 어두컴컴한 속에서 담배 연기가 자욱한 가운데 앉아 소일하는 노시인의 사인북에 남긴 말 때문에 김 작가는 그녀를 좋아하게 된 것이다. 펄 벅이 남긴 말은 이랬다.

> 한 촛불이라도 켜는 것이 어둡다고 불평하기보다 낫다(It is better to Light a single candle than to complain of the darkness).

김 작가는 이 말에 텔레파시가 통해 『대지(The Good Earth)』를 다시 펼쳐보는 등 문학의 역할을 더 깊이 이해하는 계기가 되었다.

작품 「6 · 25 추념식 70주년, 애국가 논란을 보며」와 「코로나 19 이후, 마스크의 재인식」처럼 시사성 짙은 글을 쓸 수 있었던 작가정신의 바탕에는 김 작가가 무의식적으로 지녔던 민족이나 역사의식의 바탕이 있었기 때문이며, 그래서 펄 벅에도 관심을 가질 수 있었을 것이다. 특히 「6 · 25 추념식 70주년, 애국가 논란을 보며」는 우리 근대사를 중심으로 전개된 매우 민감한 논쟁적인 요소가 지뢰밭처럼 깔려있는 쟁점인 데도 해박한 정보 탐험과 확고한 역사의식으로 잘 다듬어 낸 작품이라 하겠다.

「역세권이 나르샤」는 유난한 부동산 풍조를 적절한 풍자와 창의력과 상상력을 잘 조화시켜 멋들어지게 풀어낸 작품으로 주목받을 만하다. 이와 같은 풍자적인 기법으로 명품 열광의 사회 풍조를 약간 빈정대는 투로 풍자한 작품이 「명품길 유감」이며, 컴퓨터화되어가는 사회 풍조를 다룬 게 「AI를 청소하다」 등은 다 우리 수필계에서는 보기 쉽지 않은 읽을거리들이다.

마지막으로 그야말로 예술적인 향취가 드높은 작품인 「백석의 '국수'」를 절대로 놓치지 말기 바란다. 시 한 편을 거론하며 이 정도로 천착하며 상상력과 각종 정보를 섭렵하기란 그리 쉽지 않아 가히 평론가의 영역에까지 이른 것으로 평가하고 싶다.

백석만이 아니라 푸시킨, 박경리 등에다 대중가요의 나훈아, 고전음악의 베토벤에 이르는 예술 감상 노트 격인 제4부의 작품들은 두고두고 재음미할 만하다.

이 첫 작품집으로 김숙 작가의 전망은 확 트인 셈이다. 변함없이 활약해 주기를 기대한다.

김숙 수필집

초록 불빛 등대

인쇄 2022년 12월 25일
발행 2022년 12월 30일

지은이 김숙
발행인 서정환
펴낸곳 수필과비평사
주소 서울시 종로구 삼일대로 32길 36(익선동 30-6 운현신화타워 빌딩) 305호
전화 (02) 3675-3885, (063) 275-4000 · 0484
팩스 (063) 274-3131
이메일 sina321@hanmail.netessay321@hanmail.net
출판등록 제300-2013-133호
인쇄 · 제본 신아출판사

ISBN 979-11-5933-420-7 03810
값 14,000원

전라북도문화관광재단 문화예술창작지원금 수혜(2022)